# Italian
# Vocabulary

McGraw Hill

New York   Chicago   San Francisco   Lisbon   London   Madrid   Mexico City
Milan   New Delhi   San Juan   Seoul   Singapore   Sydney   Toronto

# CONTENTS

# CONTENTS

# CONTENTS

# 1. PER DESCRIVERE LE PERSONE
## DESCRIBING PEOPLE

| | |
|---|---|
| essere | to be |
| avere | to have |
| sembrare | to look, to seem |
| aver(e) l'aria | to look |
| pesare | to weigh |
| descrivere | to describe |
| | |
| abbastanza | quite |
| piuttosto | rather |
| molto, tanto | very |
| troppo | too |
| un po' | a little, a bit |
| | |
| la descrizione | description |
| l'aspetto, l'aria | appearance, look |
| la statura | height |
| la taglia | size |
| il peso | weight |
| | |
| i capelli | hair |
| la barba | beard |
| i baffi | moustache |
| gli occhi | eyes |
| la pelle | skin |
| la carnagione, il colorito | complexion |
| un brufolo, un foruncolo | spot, pimple |
| un neo | mole, beauty spot |
| le lentiggini | freckles |
| le rughe | wrinkles |
| le fossette | dimples |
| gli occhiali | glasses |
| le lenti a contatto | contact lenses |
| | |
| giovane | young |
| anziano, vecchio | old |
| alto | tall |
| basso | small |

# 1 PER DESCRIVERE LE PERSONE

| | |
|---|---|
| di media statura | of average height |
| grasso | fat |
| magro | thin, skinny |
| snello | slim |
| muscoloso | muscular |
| bello | beautiful, good-looking, handsome |
| carino | pretty, sweet, cute |
| brutto | ugly |
| foruncoloso | spotty |
| abbronzato | sun-tanned |
| pallido | pale |
| rugoso | wrinkled |
| | |
| avere gli occhi ... | to have ... eyes |
| azzurri | blue |
| verdi | green |
| grigi | grey |
| castani | brown |
| color nocciola | hazel |
| neri | black |

**che tipo è?**
what's he/she like?

**potrebbe descriverlo/descriverla?**
can you describe him/her?

**sono alto/a un metro e 75**
I'm 1.75 metres tall

**peso 70 chili**
I weigh 70 kilos

**l'uomo con la barba bianca**
the man with the white beard

**una donna con gli occhi azzurri**
a woman with blue eyes

**ha dei begli occhi**
he's/she's got beautiful eyes

**ha l'aria un po' strana**
he/she looks a bit strange

See also sections **2 CLOTHES AND FASHION, 3 HAIR AND MAKE-UP, 4 THE HUMAN BODY, 6 HEALTH** and **62 DESCRIBING THINGS.**

## 2. I VESTITI E LA MODA
### CLOTHES AND FASHION

| | |
|---|---|
| vestirsi | to dress |
| svestirsi | to undress |
| mettersi, infilarsi | to put on |
| togliersi, levarsi | to take off |
| cambiarsi | to change |
| provarsi | to try on |
| portare, indossare | to wear |
| star(e) bene | to suit |
| andar(e) bene | to fit |

| i vestiti | clothes |
|---|---|
| il cappotto | coat *(full-length)* |
| il soprabito | overcoat |
| l'impermeabile *(m)* | raincoat |
| la mantella | cape |
| la giacca a vento | anorak |
| il K-way ® *(inv)* | cagoule |
| il giubbotto | bomber jacket |
| la giacca | jacket |
| l'abito da uomo | suit |
| il tailleur *(inv)* | (lady's) suit |
| lo smoking *(inv)* | dinner jacket |
| l'uniforme *(f)* | uniform |
| i pantaloni, i calzoni | trousers |
| i pantaloni da sci | ski pants |
| i (blue-)jeans | jeans |
| la salopette *(inv)* | dungarees |
| la tuta | track suit |
| gli shorts | shorts |
| il vestito, l'abito | dress |
| l'abito da sera | evening dress |
| la gonna | skirt |
| la gonna a pieghe | pleated skirt |

| | |
|---|---|
| la minigonna | mini-skirt |
| la gonna pantalone | culottes |
| il golfino | jumper |
| il maglione | sweater, heavy jumper |
| il maglione dolcevita | polo-neck jumper |
| il maglione a V | V-neck jumper |
| il panciotto | waistcoat |
| il golf *(inv)* | cardigan |
| la camicia | shirt |
| la camicetta | blouse |
| la camicia da notte | nightdress |
| il pigiama | pyjamas |
| la vestaglia | dressing gown |
| l'accappatoio | bathrobe |
| il bikini ® *(inv)* | bikini |
| il costume da bagno | swimming costume, trunks |
| la biancheria intima | underwear |
| gli slip, le mutande | (under)pants |
| le mutandine | (lady's) pants |
| il reggiseno | bra |
| la canottiera | vest |
| la maglietta, la T-shirt *(inv)*, la tee-shirt *(inv)* | T-shirt |
| la felpa | sweatshirt |
| la sottogonna | underskirt |
| la sottoveste | petticoat |
| il reggicalze *(inv)* | suspenders |
| le calze | stockings, socks |
| il collant *(inv)* | tights |
| i calzini | (men's) socks |
| i calzettoni | (long) socks |
| il berretto | beret, cap |
| il cappello | hat |
| il cappuccio | hood |

## le calzature

footwear

| | |
|---|---|
| le scarpe | shoes |
| gli stivali | boots |
| gli stivali di gomma | Wellington boots |

| | |
|---|---|
| gli stivaletti | ankle boots |
| le scarpe da ginnastica | trainers |
| | |
| gli scarponi da sci | ski boots |
| i sandali | sandals |
| le espadrilles | espadrilles |
| gli infradito | flip-flops |
| le pantofole | slippers |
| | |
| un paio di | a pair of |
| la suola | sole |
| il tacco | heel |
| le scarpe senza tacco | flat heels |
| i tacchi a spillo | stiletto heels |

## gli accessori — accessories

| | |
|---|---|
| la bombetta | bowler (hat) |
| il cappello di paglia | straw hat |
| il cappello da sole | sun hat |
| | |
| la sciarpa | scarf *(long)* |
| il foulard *(inv)* | scarf *(square)* |
| i guanti | gloves |
| le muffole | mittens |
| | |
| la cravatta | tie |
| il farfallino | bow tie |
| | |
| le bretelle | braces |
| la cintura | belt |
| | |
| il colletto | collar |
| i polsini | cuffs |
| il bottone | button |
| la tasca | pocket |
| i gemelli | cufflinks |
| la (cerniera) lampo | zip |
| le stringhe, i lacci | shoelaces |
| il nastro | ribbon |
| il fazzoletto | handkerchief |
| l'ombrello | umbrella |
| la borsa, la borsetta | handbag |

## i gioielli — jewellery

| | |
|---|---|
| il gioiello | piece of jewellery |
| l'argento | silver |
| l'oro | gold |
| una pietra preziosa | precious stone |
| la perla | pearl |
| il diamante | diamond |
| lo smeraldo | emerald |
| il rubino | ruby |
| lo zaffiro | sapphire |
| l'anello | ring |
| gli orecchini | earrings |
| il braccialetto | bracelet |
| il bracciale | bangle |
| la spilla | brooch |
| la collana | necklace |
| la catenina | chain |
| il ciondolo | pendant |
| l'orologio | watch |
| la bigiotteria | costume jewellery |
| l'anello d'oro | gold ring |
| la collana di perle | pearl necklace |

## la taglia — size

| | |
|---|---|
| piccolo | small |
| medio | medium |
| grande | large |
| corto | short |
| lungo | long |
| largo | wide |
| ampio | loose-fitting |
| stretto | tight |
| aderente | (too) tight, clinging |
| la taglia | size |
| la vita | waist |
| il numero (di scarpe) | shoe size |
| la circonferenza del collo | collar size |
| la circonferenza dei fianchi | hip measurement |
| la circonferenza del petto | bust/chest measurement |
| la circonferenza della vita | waist measurement |

## la linea — style

|  |  |
|---|---|
| l'indossatore/l'indossatrice | model *(person)* |
| il modello | model, design |
| lo stile | style |
| il colore | colour |
| la sfumatura | shade |
| il motivo, il disegno | pattern |
| la stoffa, il tessuto | material |
| | |
| in tinta unita | plain |
| stampato | printed |
| ricamato | embroidered |
| a quadretti | check(ed) *(small)* |
| a scacchi | check(ed) *(large)* |
| scozzese | tartan |
| a fiori | flowered, flowery |
| a pieghe, plissettato | with pleats, pleated |
| a pois | polka-dot |
| a righe | striped |
| | |
| elegante, chic *(inv)* | elegant |
| in abito da cerimonia/da sera | formal/evening dress |
| sportivo, casual *(inv)* | casual |
| trasandato | sloppy |
| semplice | simple |
| sobrio | sober |
| vistoso, chiassoso | loud |
| di moda, all'ultima moda | fashionable |
| passato di moda | old-fashioned |
| | |
| su misura | made-to-measure |
| scollato | low-cut |

## la moda — fashion

|  |  |
|---|---|
| la collezione (invernale) | (winter) collection |
| l'industria dell'abbigliamento | clothing industry |
| la sartoria | dressmaking |
| gli abiti prêt-à-porter | off-the-peg clothes |
| l'alta moda | high fashion |
| lo/la stilista | fashion designer |
| il sarto | tailor |
| la sarta | dressmaker |
| la sfilata di moda | fashion show |

**dei calzini di cotone/di lana**
cotton/woollen socks

**è di pelle/di cuoio**
it's (made of) leather

**vorrei qualcosa di meno caro**
I'd like something cheaper

**una gonna intonata a questa camicetta**
a skirt that matches this shirt

**che taglia porta?**
what is your size?

**che numero (di scarpe) porta?**
what is your shoe size?

**il rosso mi sta male**
red doesn't suit me

**questi pantaloni ti stanno proprio bene**
these trousers suit you

See also sections **14 LIKES AND DISLIKES, 18 SHOPPING, 63 COLOURS** and **64 MATERIALS.**

# 3. I CAPELLI E IL TRUCCO
## HAIR AND MAKE-UP

| | |
|---|---|
| pettinarsi | to comb/do one's hair |
| spazzolarsi i capelli | to brush one's hair |
| tingersi i capelli | to dye one's hair |
| ossigenarsi i capelli | to dye one's hair blonde |
| farsi tagliare i capelli | to have a haircut |
| farsi tingere i capelli | to have one's hair dyed |
| (farsi) fare la messa in piega | to have one's hair curled |
| (farsi) fare le mèche | to have one's hair streaked |
| (farsi) fare la permanente | to have a perm |
| asciugarsi i capelli | to dry one's hair |
| tagliare | to cut |
| cambiare pettinatura | to change one's hairstyle |
| spuntare | to trim |
| | |
| truccarsi | to put one's make-up on |
| struccarsi | to remove one's make-up |
| mettersi il profumo, profumarsi | to put on perfume |
| | |
| mettersi lo smalto | to put on nail varnish |
| radersi | to shave *(beard)* |
| depilarsi | to shave *(legs)* |
| lavarsi la testa/i capelli | to wash one's hair |

## la lunghezza dei capelli
### hair length

| | |
|---|---|
| avere i capelli ... | to have ... hair |
| corti | short |
| lunghi | long |

## il colore dei capelli
### hair colour

| | |
|---|---|
| avere i capelli ... | to have ... hair |
| biondi | blonde/fair |
| castani | brown, chestnut |
| neri | black |
| rossi | red |

| | |
|---|---|
| grigi | grey |
| brizzolati | greying |
| bianchi | white |
| **essere ...** | to be ... |
| biondo | blonde/fair-haired |
| bruno | dark-haired |
| rosso | redheaded |
| calvo | bald |

## le acconciature — hairstyles

| | |
|---|---|
| avere i capelli ... | to have ... hair |
| ricci | curly |
| mossi | wavy |
| lisci, dritti | straight |
| fini | fine |
| folti | thick |
| tinti | dyed |
| grassi | greasy |
| secchi | dry |
| avere i capelli a spazzola | to have a crew-cut |
| un taglio (di capelli) | (hair)cut |
| una pettinatura a caschetto | bob |
| una permanente | perm |
| un ricciolo | curl |
| una ciocca (di capelli) | lock (of hair) |
| le mèche | highlights |
| la frangetta, la frangia | fringe |
| il ciuffo | tuft |
| la riga | parting |
| la coda di cavallo | ponytail |
| lo chignon *(inv)* | bun |
| la treccia | plait, pigtail |
| i codini | bunches |
| il pettine | comb |
| la spazzola (per i capelli) | hairbrush |
| il fermacapelli *(inv)* | hairslide |
| una forcina | hairpin |
| un bigodino | roller |
| l'arricciacapelli *(inv)* | tongs |
| la parrucca | wig |

| | |
|---|---|
| lo sciampo, lo shampoo *(inv)* | shampoo |
| il balsamo | conditioner |
| il gel *(inv)* | gel |
| la lacca, il fissatore | hairspray |

## i cosmetici — make-up

| | |
|---|---|
| la crema per il viso | face cream |
| la crema idratante | moisturizing cream |
| la maschera di bellezza | face pack |
| la cipria | powder |
| il portacipria *(inv)* | compact |
| il fondotinta *(inv)* | foundation (cream) |
| il fard *(inv)* | blusher |
| il rossetto | lipstick |
| il mascara *(inv)* | mascara |
| l'ombretto | eye-shadow |
| l'eye-liner *(inv)* | eyeliner |
| lo smalto per unghie | nail varnish |
| il solvente per lo smalto | nail varnish remover |
| la limetta da unghie | nail file |
| il profumo | perfume |
| l'acqua di colonia | cologne |
| il deodorante | deodorant |

## la rasatura — shaving

| | |
|---|---|
| la barba | beard |
| i baffi | moustache |
| il rasoio | razor |
| la lametta da barba | razor blade |
| il pennello da barba | shaving brush |
| la schiuma da barba | shaving foam |
| il dopobarba *(inv)* | after-shave |

# 4. IL CORPO UMANO
## THE HUMAN BODY

| le parti del corpo | parts of the body |
|---|---|
| la testa, il capo | head |
| il collo | neck |
| la gola | throat |
| la nuca | nape of the neck |
| la spalla | shoulder |
| il petto | chest, bust |
| il seno | breasts |
| lo stomaco | stomach *(above waist)* |
| il ventre, la pancia | stomach *(below waist)* |
| la schiena | back |
| il braccio *(pl* le braccia) | arm |
| il gomito | elbow |
| la mano *(pl* le mani) | hand |
| il polso | wrist |
| il pugno | fist |
| il dito *(pl* le dita) | finger |
| il mignolo | little finger |
| l'indice *(m)* | index finger |
| il pollice | thumb |
| l'unghia | nail |
| la vita | waist |
| il fianco, l'anca | hip |
| il sedere | bottom |
| le natiche | buttocks |
| la gamba | leg |
| la coscia | thigh |
| il ginocchio | knee |
| (*pl* le ginocchia) | |
| il polpaccio | calf |
| la caviglia | ankle |
| il piede | foot |
| il calcagno, il tallone | heel |
| un dito del piede | toe |

| | |
|---|---|
| l'alluce *(m)* | big toe |
| l'organo | organ |
| un arto | limb |
| il muscolo | muscle |
| l'osso *(pl* le ossa) | bone |
| lo scheletro | skeleton |
| la colonna vertebrale | spine |
| la costola | rib |
| la carne | flesh |
| la pelle | skin |
| il cuore | heart |
| i polmoni | lungs |
| il fegato | liver |
| i reni | kidneys |
| la vescica | bladder |
| il sangue | blood |
| la vena | vein |
| l'arteria | artery |

## la testa — the head

| | |
|---|---|
| il cranio | skull |
| il cervello | brain |
| i capelli | hair |
| la faccia, il viso | face |
| i tratti (del viso) | features |
| le rughe | lines, wrinkles |
| la fronte | forehead |
| la tempia | temple |
| le sopracciglia | eyebrows |
| le ciglia | eyelashes |
| l'occhio | eye |
| le palpebre | eyelids |
| la pupilla | pupil |
| il naso | nose |
| la narice | nostril |
| la guancia | cheek |
| lo zigomo | cheekbone |
| la mascella | jaw *(upper)* |
| la bocca | mouth |
| le labbra | lips |

| | |
|---|---|
| la lingua | tongue |
| il dente | tooth |
| il dente di latte | milk tooth |
| il dente del giudizio | wisdom tooth |
| il mento | chin |
| la fossetta | dimple |
| l'orecchio (*pl* gli orecchi / le orecchie) | ear |

See also sections **6 HEALTH** and **7 MOVEMENTS AND GESTURES**.

# 5. COME TI SENTI?
## HOW ARE YOU FEELING?

| | |
|---|---|
| sentirsi, stare | to feel |
| stare/sentirsi bene | to be well |
| stare/sentirsi poco bene | to be unwell |
| avere la nausea | to feel sick/queasy |
| | |
| avere ... | to be ... |
|     caldo | warm |
|     (molto) caldo | hot |
|     freddo | cold |
|     fame | hungry |
|     una fame da lupo | ravenous |
|     sete | thirsty |
|     sonno | sleepy |
| | |
| affamato | starving |
| in (gran) forma | (very) fit, on (top) form |
| pieno di energia | full of energy |
| stanco | tired |
| esausto, sfinito | exhausted |
| debole | weak |
| fragile, delicato | frail |
| sano | healthy |
| in salute | in good health |
| ammalato, malato | sick, ill |
| sveglio | alert, awake |
| agitato | agitated |
| mezzo addormentato | half asleep, lethargic |
| addormentato | asleep |
| | |
| bagnato fradicio | soaked |
| gelato | frozen |
| | |
| troppo | too |
| completamente | totally |

**ha l'aria stanca**
he/she looks tired

**mi sento debole**
I feel weak

**ho un gran caldo**
I'm too hot

**hai abbastanza caldo?**
are you warm enough?

**ho una fame da morire!**
I'm starving!

**sono stanco morto/stanca morta**
I'm exhausted

**non ne posso più!**
I've had enough!

**sono distrutto/a**
I'm worn out

See also section **6 HEALTH**.

# 6. LA SALUTE, LE MALATTIE E LE INFERMITÀ
## HEALTH, ILLNESSES AND DISABILITIES

| | |
|---|---|
| stare ... | to be ... |
|     bene | well |
|     poco bene, male | unwell, ill |
|     meglio | better |
| ammalarsi | to fall ill |
| prendere | to catch |
| avere ... | to have ... |
|     (il) mal di pancia/di stomaco | a sore stomach |
|     (il) mal di testa | a headache |
|     (il) mal di gola | a sore throat |
|     (il) mal di schiena | backache |
|     (il) mal d'orecchi | earache |
|     (il) mal di denti | toothache |
| aver la nausea | to feel sick/queasy |
| avere il mal di mare | to be/feel seasick |
| avere dei dolori, soffrire | to be in pain |
| soffrire (di) | to suffer (from) |
| avere il raffreddore | to have a cold |
| soffrire di (mal di) cuore | to have a heart condition |
| rompersi/fratturarsi una gamba | to break one's leg |
| slogarsi una caviglia | to sprain one's ankle |
| farsi male alla schiena | to hurt one's back |
| far male | to hurt |
| sanguinare | to bleed |
| vomitare, rimettere | to vomit |
| tossire | to cough |
| starnutire | to sneeze |
| sudare | to sweat |
| tremare | to shake |
| avere i brividi | to shiver |
| avere la febbre | to have a temperature |

| | |
|---|---|
| svenire | to faint |
| essere in coma | to be in a coma |
| avere una ricaduta | to have a relapse |
| curare | to treat |
| assistere | to nurse |
| prendersi cura di | to take care of |
| chiamare | to call |
| mandare a chiamare, far venire | to send for |
| prendere un appuntamento | to make an appointment |
| visitare | to examine |
| consigliare | to advise |
| ordinare | to prescribe |
| operare | to operate |
| farsi operare | to have an operation |
| farsi togliere le tonsille | to have one's tonsils taken out |
| fare una radiografia | to have an X-ray |
| medicare una ferita | to dress a wound |
| aver(e) bisogno di | to need |
| prendere | to take |
| riposarsi | to rest |
| essere in convalescenza | to be convalescing |
| guarire | to heal, to recover |
| essere a dieta | to be on a diet |
| dimagrire | to lose weight |
| gonfiarsi | to swell |
| infettarsi | to become infected (wound) |
| peggiorare | to get worse |
| morire | to die |
| malato, ammalato | ill, sick, unwell |
| debole | weak |
| guarito | cured |
| in salute | in good health |
| vivo | alive |
| incinta | pregnant |
| allergico (a) | allergic (to) |
| anemico | anaemic |
| diabetico | diabetic |
| stitico | constipated |
| doloroso | painful |

| | |
|---|---|
| contagioso | contagious |
| grave | serious |
| infetto | infected *(wound)* |
| contagiato | infected *(person)* |
| gonfio | swollen |
| rotto, fratturato | broken |
| slogato | sprained |

## le malattie — illnesses

| | |
|---|---|
| la malattia | disease, illness |
| il dolore | pain |
| il crampo | cramp |
| un'epidemia | epidemic |
| un attacco | fit, attack |
| una ferita | wound |
| una piaga | sore |
| una distorsione, una slogatura | sprain |
| una frattura | fracture |
| un'emorragia | haemorrhage |
| una perdita di sangue | bleeding |
| il sangue da naso | nosebleed |
| la febbre | fever, temperature |
| la temperatura | temperature |
| il singhiozzo | hiccups |
| la tosse | cough |
| il polso | pulse |
| il respiro | breathing |
| il sangue | blood |
| il gruppo sanguigno | blood group |
| la pressione (del sangue) | blood pressure |
| le mestruazioni | period |
| | |
| un aborto | abortion, miscarriage |
| l'acidità di stomaco | indigestion |
| l'AIDS *(mf)* | AIDS |
| l'appendicite *(f)* | appendicitis |
| l'artrite *(f)* | arthritis |
| l'ascesso | abscess |
| l'asma | asthma |
| un attacco epilettico | epileptic fit |
| una bronchite | bronchitis |

| | |
|---|---|
| il cancro | cancer |
| un colpo di sole, un'insolazione | sunstroke |
| la commozione cerebrale | concussion |
| la diarrea | diarrhoea |
| l'emicrania | migraine |
| l'epilessia | epilepsy |
| l'ernia | hernia |
| l'esaurimento nervoso | nervous breakdown |
| la febbre da fieno | hay fever |
| un infarto, un attacco cardiaco | heart attack |
| un'infezione | infection |
| un'infezione alla gola | throat infection |
| l'influenza | flu |
| la leucemia | leukaemia |
| il mal di stomaco | upset stomach |
| il mal di testa | headache |
| la meningite | meningitis |
| il morbillo | measles |
| gli orecchioni | mumps |
| la pertosse | whooping cough |
| la polmonite | pneumonia |
| la rabbia | rabies |
| il raffreddore | cold |
| i reumatismi | rheumatism |
| la rosolia | German measles |
| la scarlattina | scarlet fever |
| la stitichezza | constipation |
| il tifo | typhoid |
| la tubercolosi | TB |
| l'ulcera | ulcer |
| il vaiolo | smallpox |
| la varicella | chickenpox |

## la pelle — the skin

| | |
|---|---|
| una scottatura | burn, sunburn |
| un taglio | cut |
| un graffio | scratch |
| un'escoriazione | graze |

| | |
|---|---|
| una puntura (d'insetto) | (insect) bite |
| una morsicatura | bite *(snake)* |
| il prurito | itch |
| un'eruzione | rash |
| l'acne *(f)* | acne |
| un foruncolo | spot |
| una verruca, un porro | wart |
| un callo | corn |
| una vescica, una bolla | blister |
| un livido, um ematoma | bruise |
| una cicatrice | scar |

## le cure

## treatments

| | |
|---|---|
| la medicina | medicine |
| l'igiene *(f)* | hygiene |
| la salute | health |
| la contraccezione | contraception |
| un trattamento, una terapia | (course of) treatment |
| le cure | health care |
| il pronto soccorso | first aid |
| l'ospedale *(m)* | hospital |
| la clinica | clinic |
| l'ambulatorio | (doctor's) surgery |
| un'operazione d'urgenza | emergency operation |
| l'ambulanza | ambulance |
| la lettiga, la barella | stretcher |
| il termometro | thermometer |
| la fleboclisi *(inv)* | drip |
| il clistere | enema |
| il purgante, la purga | purge |
| la sedia a rotelle | wheelchair |
| l'ingessatura | plaster cast |
| le stampelle | crutches |
| l'operazione *(f)*, l'intervento | operation |
| l'anestesia | anaesthetic |
| i punti | stitches |
| una trasfusione di sangue | blood transfusion |
| una radiografia | X-ray |
| l'iniezione *(f)*, la puntura | injection |
| la vaccinazione | vaccination |

| | |
|---|---|
| una dieta | diet |
| un consulto | consultation |
| un appuntamento | appointment |
| la ricetta (medica) | prescription |
| la convalescenza | convalescence |
| una ricaduta | relapse |
| la guarigione | recovery |
| la morte | death |
| il dottore/la dottoressa | doctor |
| il medico di turno | duty doctor |
| lo/la specialista | specialist |
| l'ottico | optician |
| il chirurgo | surgeon |
| l'infermiera/l'infermiere | nurse/male nurse |
| il/la paziente | patient |

## i farmaci — medicines

| | |
|---|---|
| il farmaco, la medicina | medicine |
| la farmacia | chemist's |
| gli antibiotici | antibiotics |
| un antidolorifico, un analgesico | painkiller |
| un'aspirina | aspirin |
| un sedativo, un calmante | tranquillizer |
| un sonnifero | sleeping tablet |
| un lassativo | laxative |
| un tonico | tonic |
| le vitamine | vitamins |
| lo sciroppo per la tosse | cough mixture |
| una pastiglia, una compressa | tablet, lozenge, pastille |
| la pillola | pill |
| le gocce | drops |
| il disinfettante | antiseptic |
| la pomata | ointment |
| la penicillina | penicillin |
| il cotone idrofilo | cotton wool |
| il gesso | plaster |
| la benda | bandage, dressing |
| il cerotto | sticking plaster |
| l'assorbente igienico | sanitary towel |
| il tampone | tampon |

## dal dentista

il/la dentista
la dentiera
la carie
l'estrazione *(f)*
l'otturazione *(f)*
la placca batterica

## at the dentist's

dentist
dentures
decay
extraction
filling
plaque

## le infermità

(h)andicappato
mongoloide
cieco
daltonico
miope
presbite
duro d'orecchio, un po' sordo
non udente, sordo
sordomuto
invalido
mutilato
zoppo

## disabilities

disabled
Down's syndrome *(adj)*
blind
colour-blind
short-sighted
long-sighted
hard of hearing
deaf
deaf and dumb
crippled *(disabled)*
crippled *(maimed)*
lame

un (h)andicappato (mentale)
un cieco
un infermo
il bastone
l'apparecchio acustico
gli occhiali
le lenti a contatto

(mentally) handicapped person
blind person
disabled person
stick
hearing aid
glasses
contact lenses

**come si sente?**
how are you feeling?

**non mi sento (molto) bene**
I don't feel very well

**ho la nausea/il vomito**
I feel sick

**mi gira la testa**
I feel dizzy

**dove le fa male?**
where does it hurt?

**mi fanno male gli occhi**
my eyes are sore

**non è niente di grave**
it's nothing serious

**mi sono misurato/a la febbre**
I took my temperature

**ha la febbre a 38, ha 38 di febbre**
he's/she's got a temperature of 101

**ha fatto/avuto un'operazione all'occhio**
he/she had an eye operation

**ha qualcosa contro/per …?**
have you got anything for …?

See also section **4 THE HUMAN BODY.**

# 7. I MOVIMENTI E I GESTI
## MOVEMENTS AND GESTURES

| andare e venire | comings and goings |
|---|---|
| andare | to go |
| apparire | to appear |
| arrivare | to arrive |
| zoppicare | to limp |
| continuare | to continue, to go on |
| correre | to run |
| passare davanti (a) | to pass, to go past |
| scendere (le scale) | to go/come down(stairs) |
| scendere (da) | to get off |
| sparire | to disappear |
| entrare (in) | to go/come in(to) |
| precipitarsi (in) | to rush in |
| rimanere inchiodato sul posto | to be rooted to the spot |
| camminare avanti e indietro | to pace up and down |
| (andare a) fare una passeggiata | to go for a walk |
| slittare, scivolare | to slide (along) |
| camminare, andare a piedi | to walk |
| camminare a grandi passi | to stride |
| camminare all'indietro | to walk backwards |
| salire (le scale) | to go up(stairs) |
| salire (su) | to get on |
| andar via, andarsene | to go away |
| andarsene in fretta | to rush away |
| attraversare | to go through, to cross |
| indietreggiare | to move back |
| ridiscendere | to go back down |
| tornar su/giù | to go back up/down |
| ripartire | to set off again |
| rientrare, tornare | to go/come back (in/home) |
| uscire di nuovo | to go/come back out |
| rimanere | to stay, to remain |
| tornare, ritornare | to return, to go/come back |
| saltellare | to hop |

| | |
|---|---|
| saltare | to jump |
| fermarsi | to stop |
| andare a far due passi/un giro | to go for a stroll |
| nascondersi | to hide |
| andare a dormire/a letto | to go to bed |
| sdraiarsi | to lie down |
| affrettarsi | to hurry |
| avviarsi | to set off |
| mettersi in viaggio | to set off on a journey |
| uscire (da) | to come/go out (of) |
| seguire | to follow |
| sbucare all'improvviso | to appear suddenly |
| barcollare | to stagger |
| trascinarsi | to dawdle |
| bighellonare | to hang about |
| inciampare | to trip |
| venire | to come |
| | |
| l'arrivo | arrival |
| la partenza | departure |
| l'inizio | beginning |
| la fine | end |
| l'ingresso | entrance *(action)* |
| l'entrata | entrance *(way in)* |
| l'uscita | exit, way out |
| il ritorno | return |
| la traversata | crossing *(sea)* |
| l'attraversamento | crossing *(road)* |
| una passeggiata | walk, stroll |
| un giro (a piedi) | walk, stroll |
| il modo di camminare | way of walking |
| un passo | step |
| un giro | stroll |
| il riposo | rest |
| un salto | jump |
| un sobbalzo | start |
| passo passo | step by step |
| in punta di piedi | on tiptoe |
| a passi felpati | stealthily |
| di corsa | in a rush |

## le azioni

## actions

| | |
|---|---|
| afferrare | to catch |
| abbassare | to lower, to pull down |
| muoversi | to move |
| cominciare | to start |
| togliere | to remove |
| chiudere | to close |
| finire | to finish |
| colpire, urtare | to hit, to knock |
| buttare via | to throw away |
| lanciare, tirare | to throw |
| far cadere | to drop |
| alzare | to lift, to raise |
| mettere | to put, to place, to set |
| portare | to carry, to bring, to take |
| aprire | to open |
| posare | to put down |
| spingere | to push |
| tirare | to pull |
| prendere | to take, to get, to fetch |
| ricominciare (da capo) | to start again |
| accovacciarsi | to squat down |
| inginocchiarsi | to kneel down |
| stirarsi | to stretch out |
| allungare | to stretch |
| appoggiarsi (contro/su/a) | to lean (against/on) |
| sedersi | to sit down |
| chinarsi | to stoop |
| alzarsi | to get/stand up |
| sporgersi (da) | to lean (out) |
| riposarsi | to (have a) rest |
| voltarsi, girarsi | to turn round |
| infilarsi (fra) | to squeeze in |
| far sussultare | to give a start |
| tener (stretto) | to hold (tight) |
| aggrapparsi (a) | to hang on (to) |
| toccare | to touch |
| trascinare | to drag |

## le posizioni — postures

| | |
|---|---|
| seduto | sitting, seated |
| in piedi | standing |
| appoggiato | leaning |
| appeso | hanging |
| accovacciato | squatting |
| inginocchiato | kneeling |
| in ginocchio | on one's knees |
| sdraiato, disteso | lying down |
| a pancia in giù | lying face down |
| appoggiato (su/contro/a) | leaning (on/against) |
| carponi *(inv)* | on all fours |

## i gesti — gestures

| | |
|---|---|
| abbassare gli occhi | to look down, to lower one's eyes |
| sbattere le palpebre | to blink |
| dare un calcio/una pedata (a) | to kick |
| dare un pugno (a) | to punch |
| dare uno schiaffo (a) | to slap |
| strizzare l'occhio | to wink |
| fare una smorfia/le boccacce | to make a face |
| fare segno/cenno | to make a sign |
| gesticolare | to gesticulate |
| aggrottare le sopracciglia | to frown |
| alzare le spalle | to shrug (one's shoulders) |
| far (cenno) di sì con la testa | to nod |
| dare un'occhiata | to (cast a) glance |
| guardare in su | to look up |
| sollevare gli occhi | to raise one's eyes |
| indicare | to point at |
| ridere | to laugh |
| scuotere la testa | to shake one's head |
| sorridere | to smile |
| uno sbadiglio | yawn |
| una strizzatina d'occhio | wink |
| un'occhiata | glance |
| un calcio, una pedata | kick |
| un pugno | punch |
| un gesto | gesture |
| uno schiaffo | slap |

| | |
|---|---|
| una smorfia | grimace |
| un'alzata di spalle | shrug |
| un cenno di sì con la testa | nod |
| un movimento | movement |
| una risata | laugh |
| un cenno | sign |
| un segnale | signal |
| un sorriso | smile |

**ci siamo andati in macchina**
we went there by car

**vado a scuola a piedi**
I walk to school

**è sceso/a di corsa giù per le scale**
he/she ran downstairs

**sono uscito/a di corsa**
I ran out

**è entrato/a barcollando**
he/she staggered in

**abbiamo fatto 10 chilometri a piedi**
we walked 10 kilometres

**mi sono avvicinato/a alle ragazze**
I walked up to the girls

# 8. L'IDENTITÀ
IDENTITY

| | |
|---|---|
| **il nome** | name |
| chiamare | to name, to call |
| battezzare | to christen |
| chiamarsi | to be called |
| soprannominare | to nickname |
| firmare | to sign |
| l'identità | identity |
| la firma | signature |
| il nome | name |
| il cognome | surname |
| il nome (di battesimo) | first name |
| il cognome da ragazza/ da nubile | maiden name |
| il soprannome | nickname |
| il nomignolo | pet name |
| le iniziali | initials |
| il signor (sig.) Rossi | Mr Rossi |
| la signora (sig.ra) Rossi | Mrs Rossi |
| la signorina (sig.na) Rossi | Miss Rossi |
| i signori | gentlemen |
| le signore | ladies |
| la nazionalità | nationality |
| il luogo di nascita | birthplace |
| la data di nascita | date of birth |
| **i sessi** | sexes |
| la donna | woman |
| la signora | lady |
| la ragazza | girl |
| l'uomo (*pl* gli uomini) | man |
| il signore | gentleman |
| il ragazzo | boy |
| maschile | masculine |

| | |
|---|---|
| femminile | feminine |
| maschio | male |
| femmina | female |

## lo stato civile

marital status

| | |
|---|---|
| nascere | to be born |
| morire | to die |
| sposare | to marry |
| sposarsi (con) | to get married (to) |
| fidanzarsi (con) | to get engaged (to) |
| divorziare (da) | to get a divorce (from) |
| rompere il fidanzamento | to break off one's engagement |

| | |
|---|---|
| celibe | single *(man)* |
| nubile | single *(woman)* |
| sposato | married |
| fidanzato | engaged |
| divorziato | divorced |
| separato | separated |
| vedovo | widowed |

| | |
|---|---|
| il marito | husband |
| la moglie | wife |
| l'ex marito | ex-husband |
| la ex moglie | ex-wife |
| il fidanzato | fiancé |
| la fidanzata | fiancée |
| lo sposo | bridegroom |
| la sposa | bride |
| gli sposini | newly-weds |
| il vedovo | widower |
| la vedova | widow |
| l'orfano | orphan |
| il figlio adottivo | adopted child |

| | |
|---|---|
| la cerimonia | ceremony |
| la nascita | birth |
| il battesimo | christening |
| la vita | life |
| la morte | death |
| il funerale | funeral |
| il matrimonio | wedding |

| | |
|---|---|
| il fidanzamento | engagement |
| il divorzio | divorce |

## l'indirizzo — address

| | |
|---|---|
| abitare, vivere | to live |
| prendere in affitto | to rent |
| dare in affitto | to let |
| dividere | to share |
| l'indirizzo | address |
| il domicilio | home address |
| il piano | floor, storey |
| il codice (di avviamento) postale (C.A.P.) | postcode |
| il numero | number |
| il numero di telefono | phone number |
| l'elenco del telefono | telephone directory |
| il proprietario | owner |
| il padrone di casa | landlord |
| l'inquilino | tenant |
| il vicino (di casa) | neighbour |
| in centro | in/to town |
| in periferia | in the suburbs |
| in campagna | in the country |

## la religione — religion

| | |
|---|---|
| cattolico | Catholic |
| protestante | Protestant |
| cristiano | Christian |
| anglicano | Anglican |
| indù | Hindu |
| mussulmano | Muslim |
| ebreo, ebraico | Jewish |
| buddista | Buddhist |
| ateo | atheist |

**come ti chiami/si chiama?**
what is your name?

41

**mi chiamo Paolo Rossi**
my name is Paolo Rossi

**come ti chiami di nome?**
what is your first name?

**si chiama Maria**
her name is Maria

**come si scrive?**
how do you spell that?

**dove abiti?**
where do you live?

**abito a Firenze/in Italia**
I live in Florence/in Italy

**è al terzo piano**
it's on the third floor

**abito in via Giotto (al) 27**
I live at 27 via Giotto

**abito qui da un anno/dal 1995**
I've been living here for a year/since 1995

**abito a casa di Marco**
I'm living at Marco's

See also section **29 FAMILY AND FRIENDS**.

# 9. L'ETÀ
## AGE

| | |
|---|---|
| giovane | young |
| vecchio | old |
| l'età *(f inv)* | age |
| l'infanzia | childhood |
| la gioventù | youth |
| l'adolescenza | adolescence |
| la vecchiaia | old age |
| la data di nascita | date of birth |
| il compleanno | birthday |
| un bambino/una bambina | child, baby |
| un/un'adolescente | teenager |
| un adulto | adult |
| i grandi | grown-ups |
| i piccini | little ones |
| un/una giovane | young person |
| i giovani | young people |
| una ragazza | girl, young woman |
| un ragazzo | boy, young man |
| una persona anziana | old person |
| una vecchia | old woman |
| un vecchio | old man |
| le persone anziane | old people |
| un pensionato/ una pensionata | pensioner |
| minorenne | minor |
| maggiorenne | of age |

**quanti anni hai?**
how old are you?

**ho vent'anni**
I'm twenty (years old)

**quando sei nato/a?**
when were you born?

**il primo marzo 1960**
the first of March 1960

**in che anno sei nato/a?**
what year were you born in?

**sono nato/a a Venezia nel 1968**
I was born in Venice in 1968

**un bambino/una bambina di un mese**
a one-month-old baby

**un ragazzo/un bambino di otto anni**
an eight-year-old child

**una ragazza di sedici anni, una sedicenne**
a sixteen-year-old girl

**una donna sulla trentina**
a woman of about thirty

**un uomo di mezza età**
a middle-aged man

**una persona anziana**
an elderly person

# 10. IL LAVORO E LE PROFESSIONI
## WORK AND JOBS

Words marked with an asterisk* can be used to refer to both men and women without the grammatical gender changing.

| | |
|---|---|
| lavorare | to work |
| avere intenzione di | to intend to |
| diventare | to become |
| interessarsi (di) | to be interested (in) |
| studiare | to study |
| essere ambizioso | to be ambitious |
| avere esperienza | to have experience |
| non avere molta esperienza | to lack experience |
| essere disoccupato | to be unemployed |
| cercare lavoro | to look for work |
| fare una domanda d'impiego | to apply for a job |
| rifiutare | to reject *(offer)* |
| scartare | to reject *(applicant)* |
| accettare | to accept |
| assumere | to take on |
| trovare un lavoro/un impiego | to find a job |
| riuscire | to be successful |
| guadagnare | to earn |
| guadagnarsi la vita/da vivere | to earn a living |
| pagare | to pay |
| prendere le ferie | to take a holiday |
| prendere un giorno di ferie | to take a day off |
| licenziare | to lay off, to dismiss |
| licenziarsi, dare le dimissioni | to resign |
| andarsene | to leave |
| andare in pensione | to retire |
| essere in sciopero | to be on strike |
| scioperare | to go on strike, to strike |
| difficile | difficult |
| facile | easy |
| interessante | interesting |
| appassionante | exciting |

| | |
|---|---|
| noioso | boring |
| pericoloso | dangerous |
| importante | important |
| utile | useful |

## le professioni

### people at work

| | |
|---|---|
| l'addetto ai traslochi | removal man |
| l'agente *(mf)* di cambio | stockbroker |
| l'agricoltore | farmer |
| l'annunciatore/l'annunciatrice | newsreader, announcer |
| l'architetto* | architect |
| l'arredatore/l'arredatrice | interior designer |
| l'artigiano/l'artigiana | craftsman/craftswoman |
| l'artista *(mf)* | artist |
| l'assistente di volo *(mf)* | steward/stewardess *(air)* |
| l'assistente sociale *(mf)* | social worker |
| l'astronauta *(mf)* | astronaut |
| l'astronomo/l'astronoma | astronomer |
| l'attore/l'attrice | actor/actress |
| l'autista *(mf)* | driver, bus driver |
| l'avvocato* | lawyer |
| la bambinaia | nanny |
| il bibliotecario/la bibliotecaria | librarian |
| il bidello/la bidella | janitor *(school)* |
| il bracciante | farm labourer |
| il calzolaio | cobbler, shoe repairer |
| la cameriera | chambermaid, maid |
| il cameriere/la cameriera | waiter/waitress |
| il camionista | lorry driver |
| il/la cantante | singer |
| il capitano | captain |
| il capo* | boss |
| il capocuoco, lo chef *(inv)* | head cook, chef |
| il/la caposquadra | foreman |
| il carrozziere | panel beater |
| il cassiere/la cassiera | cashier |
| il/la centralinista | switchboard operator |
| il chirurgo* | surgeon |
| il comico | comedian |

| | |
|---|---|
| il/la commerciante | dealer |
| il commesso/la commessa | salesperson, shop assistant |
| il consigliere/la consigliera | adviser |
| il controllore | ticket inspector |
| il/la cronista | reporter *(press)* |
| il cuoco/la cuoca | cook |
| il/la dentista | dentist |
| il direttore/la direttrice | director, manager |
| il direttore didattico/<br>    la direttrice didattica | head teacher *(primary school)* |
| il direttore d'orchestra | conductor |
| il/la dirigente | executive |
| il disegnatore/la disegnatrice | designer |
| il divo/la diva | star |
| il docente universitario/<br>    la docente universitaria | lecturer *(university)* |
| il doganiere/la doganiera | customs officer |
| il domestico/la domestica | servant |
| la donna d'affari | businesswoman |
| la donna delle pulizie | cleaner |
| il dottore/la dottoressa | doctor |
| l'editore/l'editrice | publisher |
| l'elettricista | electrician |
| il facchino | porter |
| il falegname | carpenter |
| il/la farmacista | chemist |
| il fattorino | delivery man |
| il/la fiorista | florist |
| il fisico* | physicist |
| il fornaio/la fornaia | baker |
| il fotografo/la fotografa | photographer |
| il frate | monk |
| il funzionario statale | civil servant |
| il/la garagista | garage owner |
| il giardiniere | gardener |
| il gioielliere/la gioielliera | jeweller |
| il giornalaio/la giornalaia | newsagent |
| il/la giornalista | journalist |
| il giudice* | judge |
| il/la grossista | merchant |
| la guida turistica* | tourist guide |

| | |
|---|---|
| l'idraulico | plumber |
| l'imbianchino | decorator, painter |
| l'impiegato/a | employee |
| l'impiegato/a di banca | bank clerk |
| l'imprenditore edile | builder |
| l'impresario teatrale | theatre manager |
| l'indossatore/l'indossatrice | model |
| l'industriale (mf) | industrialist |
| l'infermiere/l'infermiera | nurse |
| l'ingegnere* | engineer |
| l'interprete (mf) | interpreter |
| l'istruttore/l'istruttrice | instructor |
| il lattaio/la lattaia | milkman/milkwoman |
| un lavoratore/una lavoratrice | worker |
| il libraio/la libraia | bookseller |
| il/la macchinista | engineer (ship), engine driver |
| il macellaio/la macellaia | butcher |
| il maestro/la maestra | primary school teacher |
| il maestro/la maestra d'asilo | nursery teacher |
| il manovale | labourer (on roads) |
| il marinaio | sailor |
| la maschera* | usherette, usher |
| il meccanico | garage mechanic |
| il medico* | doctor |
| il minatore | miner |
| il mobiliere | furniture dealer |
| il muratore | bricklayer |
| il/la negoziante | shopkeeper |
| il notaio/la notaia | notary |
| l'operaio specializzato/ l'operaia specializzata | (semi-)skilled worker |
| l'orologiaio/a | watchmaker |
| l'ortolano/a | greengrocer |
| l'ottico* | optician |
| il parrucchiere/la parrucchiera | hairdresser |
| il pasticciere/la pasticciera | confectioner |
| il pastore (protestante) | minister |
| il pescatore | fisherman |
| il pescivendolo/la pescivendola | fishmonger |
| il/la pilota | pilot |

| | |
|---|---|
| il pittore/la pittrice | painter *(artist)* |
| il politico* | politician |
| il poliziotto/la poliziotta | policeman/policewoman |
| il pompiere | fireman |
| il portinaio/la portinaia | caretaker, porter |
| il postino/la postina | postman/postwoman |
| il presentatore/la presentatrice | announcer, presenter |
| il/la preside | head teacher *(secondary school)* |
| il prete | priest |
| il professore/la professoressa | secondary school teacher |
| il proprietario/la proprietaria | owner |
| lo/la psichiatra | psychiatrist |
| lo psicologo/la psicologa | psychologist |
| il/la radiocronista | radio reporter |
| il ragioniere/la ragioniera | accountant |
| il/la rappresentante (di commercio) | sales representative |
| il/la receptionist *(inv)* | receptionist *(in hotel)* |
| il redattore/la redattrice | editor *(of text)* |
| il/la regista | film director |
| il sacerdote | priest |
| il sarto/la sarta | dressmaker, tailor |
| lo scienziato/la scienziata | scientist |
| lo scrittore/la scrittrice | writer |
| il segretario/la segretaria | secretary |
| il soldato | soldier |
| lo spazzino | dustman |
| la (steno)dattilografa/ lo (steno)dattilografo | (shorthand) typist |
| lo/la stilista | fashion designer |
| uno studente/ una studentessa | student |
| la suora | nun |
| il/la supplente | supply teacher |
| il/la tassista | taxi driver |
| il tecnico | technician |
| il/la telecronista | TV reporter |
| il traduttore/la traduttrice | translator |
| l'ufficiale dell'esercito | army officer |
| l'uomo d'affari | businessman |

| | |
|---|---|
| l'uomo delle pulizie | cleaner |
| il veterinario* | vet |
| il vigile del fuoco | fireman |
| il/la vignettista | cartoonist |

## il mondo del lavoro

### the workplace

| | |
|---|---|
| l'operaio/l'operaia | worker |
| i lavoratori | working people |
| un disoccupato/una disoccupata | unemployed person |
| un candidato/una candidata | job applicant, candidate |
| il datore di lavoro | employer |
| un/una dipendente | employee |
| un impiegato/un'impiegata | white collar worker |
| un/una collega | colleague |
| la direzione | management |
| il personale | staff, personnel |
| l'apprendista *(mf)* | apprentice |
| un/una tirocinante | trainee |
| uno/una scioperante | striker |
| un pensionato/una pensionata | retired person, pensioner |
| un/una sindacalista | trade unionist |
| il futuro | the future |
| la carriera | career |
| la professione | profession |
| il mestiere | occupation |

## gli affari

### business

| | |
|---|---|
| il lavoro, l'impiego | job |
| un lavoro promettente | job with good prospects |
| un impiego temporaneo | temporary job |
| un lavoro part time *(inv)* | part-time job |
| un lavoro a tempo pieno | full-time job |
| i posti vacanti | openings, vacancies |
| la situazione lavorativa | work situation |
| il posto | post, job |
| un corso di formazione professionale | training course |

| | |
|---|---|
| l'apprendistato | apprenticeship |
| il tirocinio | training *(in job)* |
| le qualifiche, i requisiti | qualifications, requirements |
| i titoli di studio | qualifications *(certificates)* |
| il certificato | certificate |
| il diploma | diploma |
| la laurea | degree |
| l'assunzione *(f)* | employment |
| il settore | sector |
| la ricerca | research |
| l'informatica | computer science |
| gli affari | business |
| l'industria | industry |
| la società *(inv)* | company |
| l'ufficio | office |
| la fabbrica | factory |
| l'officina | workshop |
| il negozio | shop |
| il laboratorio | laboratory |
| il magazzino | warehouse, store |
| il lavoro | work |
| (il congedo per) maternità | maternity leave |
| (il congedo per) malattia | sick leave |
| le ferie | paid holidays |
| il contratto (di lavoro) | contract of employment |
| la domanda di impiego | job application |
| il modulo | form |
| l'inserzione *(f)* | ad(vertisement) |
| le offerte d'impiego | situations vacant |
| lo stipendio | salary, pay, wages |
| il colloquio | interview |
| il reddito | income |
| l'orario flessibile | flexitime |
| la settimana di 40 ore | 40-hour week |
| le tasse | taxes |
| un aumento (di paga/ di stipendio) | (pay) rise |
| un viaggio d'affari | business trip |
| il licenziamento per eccesso di personale | redundancy |

| | |
|---|---|
| la pensione | pension |
| il sindacato | trade union |
| lo sciopero | strike |

**che lavoro fa?**
what does he/she do (for a living)?

**fa il medico**
he's/she's a doctor

**che cosa vorresti fare da grande?**
what would you like to be when you grow up?

**che progetti hai per il futuro?**
what are your plans for the future?

**vorrei fare l'artista**
I'd like to be an artist

**ho intenzione di studiare medicina**
I am going to study medicine

**per me quello che conta di più è lo stipendio**
the most important thing for me is the pay

**ho chiesto un permesso di due ore**
I asked for two hours off

# 11. IL CARATTERE E IL COMPORTAMENTO
## CHARACTER AND BEHAVIOUR

| | |
|---|---|
| comportarsi | to behave |
| dominarsi | to control oneself |
| obbedire (a) | to obey |
| disobbedire (a) | to disobey |
| sgridare | to scold |
| prendersi una sgridata | to be told off |
| arrabbiarsi | to get angry |
| chiedere scusa, scusarsi | to apologize |
| punire | to punish |
| lasciare, permettere di | to allow, to let |
| proibire | to forbid |
| impedire | to prevent |
| perdonare | to forgive |
| ricompensare | to reward |
| osare | to dare |
| l'allegria | cheerfulness |
| l'arroganza | arrogance |
| la bravura | skilfulness |
| la buona condotta | good behaviour |
| il carattere | character |
| la cattiveria | nastiness, naughtiness |
| il comportamento | behaviour |
| la crudeltà | cruelty |
| la disobbedienza | disobedience |
| un dispetto | spite |
| l'educazione (f) | politeness |
| il fascino | charm |
| la follia | madness |
| la furbizia | craftiness |
| la gelosia | jealousy |
| la gentilezza | kindness |
| la gioia | delight, joy |
| l'imbarazzo | embarrassment |

| | |
|---|---|
| l'impazienza | impatience |
| l'insolenza | insolence |
| l'intelligenza | intelligence |
| l'intolleranza | intolerance |
| l'invidia | envy |
| l'istinto | instinct |
| la luna | mood |
| la maleducazione | rudeness |
| la malizia | mischief, malice |
| l'obbedienza | obedience |
| l'onestà | honesty |
| l'orgoglio | pride |
| la pazienza | patience |
| la pazzia | madness |
| la pigrizia | laziness |
| la prudenza | caution |
| la punizione | punishment |
| la ramanzina | telling-off |
| il rancore | resentment |
| la ricompensa | reward |
| uno scherzo | trick |
| la scusa | apology, excuse |
| il senso dell'umorismo | sense of humour |
| la timidezza | shyness, timidity |
| la tristezza | sadness |
| l'umanità | humanity |
| l'umore (m) | mood |
| la vanità | vanity |
| la vergogna | embarrassment |
| la volgarità | coarseness |
| | |
| abile | skilful |
| accorto | shrewd |
| allegro | cheerful, joyful |
| antipatico | unpleasant, disagreeable |
| arrabbiato | angry |
| arrogante | arrogant |
| astuto | astute, wily |
| attento | careful |
| attivo | active |
| beneducato | polite |

| | |
|---|---|
| bravo | good |
| buffo | funny |
| buono | good |
| calmo | calm |
| carino | nice, pleasant |
| cattivo | bad, nasty, naughty |
| chiacchierone | talkative |
| comprensivo | understanding |
| contento | happy |
| coraggioso | brave |
| cordiale | friendly |
| cortese | polite |
| crudele | cruel |
| curioso | curious |
| delizioso | charming |
| di buon senso | sensible |
| discreto | discreet |
| (dis)obbediente | (dis)obedient |
| (dis)ordinato | (un)tidy |
| dispiaciuto | sorry |
| distratto | absent-minded |
| divertente | amusing |
| educato | polite |
| falso | false |
| fantastico | terrific |
| felice | happy |
| geloso | jealous |
| gentile | kind |
| imbarazzato | embarrassed |
| impaziente | impatient |
| impulsivo | impulsive |
| indifferente | indifferent |
| infelice | unhappy |
| ingenuo | naive |
| insolente | insolent, cheeky |
| insopportabile | unbearable |
| instancabile | hard-working |
| intelligente | intelligent |
| intollerante | intolerant |
| invidioso | envious |
| istintivo | instinctive |

| | |
|---|---|
| maldestro | clumsy |
| maleducato | rude |
| malizioso | mischievous |
| modesto | modest |
| naturale | natural |
| noioso | boring |
| obbediente | obedient |
| onesto | honest |
| operoso | hard-working |
| orgoglioso | proud |
| ottimista | optimistic |
| paziente | patient |
| pazzo | mad |
| permaloso | touchy |
| pessimista | pessimistic |
| pieno di sé | boastful |
| pigro | lazy |
| povero | poor |
| prudente | cautious |
| ragionevole | reasonable |
| rispettabile | decent, respectable |
| rispettoso | respectful |
| sciocco | silly |
| scontento | unhappy |
| sensibile | sensitive |
| serio | serious |
| sfacciato | cheeky |
| simpatico | pleasant, nice |
| sorprendente | surprising |
| spiritoso | witty |
| strano | strange |
| straordinario | terrific |
| stupido | stupid |
| superbo | proud |
| sventato | scatterbrained |
| testardo | stubborn |
| timido | shy |
| tollerante | tolerant |
| tranquillo | quiet |
| triste | sad |
| vanitoso | vain |

villano        rude
volgare       coarse

**la trovo molto simpatica**
I think she's very nice

**è di ottimo/pessimo umore**
he's/she's in a (very) good/bad mood

**ha un buon/cattivo carattere**
he/she is good-/ill-natured

**mi ha fatto la gentilezza di prestarmi la macchina**
he/she was kind enough to lend me his/her car

**scusi se la disturbo**
I'm sorry to disturb you

**mi dispiace (tanto) davvero**
I'm (really) sorry

**mi scuso moltissimo**
I do apologize

**ha chiesto scusa all'insegnante per essere stato insolente**
he/she apologized to the teacher for being cheeky

**ha accettato le mie scuse**
he/she accepted my apologies

# 12. LE EMOZIONI
## EMOTIONS

| | |
|---|---|
| **la collera** | **anger** |
| arrabbiarsi con qualcuno | to become angry with someone |
| perdere la pazienza | to lose one's temper |
| essere arrabbiato | to be angry |
| essere su tutte le furie | to be fuming |
| indignarsi per qualcosa | to become indignant at something |
| agitarsi | to get excited, to get worked up |
| gridare | to shout |
| colpire | to hit |
| dare uno schiaffo a | to slap (on the face) |
| | |
| la collera | anger |
| l'indignazione (f) | indignation |
| la tensione | tension |
| lo stress (inv) | stress |
| un grido | cry, shout |
| | |
| contrariato | annoyed, upset |
| arrabbiato | angry |
| furioso | furious |
| imbronciato | sulky |
| seccato | upset |
| seccante | annoying |
| noioso | boring |

| | |
|---|---|
| **la tristezza** | **sadness** |
| piangere | to weep, to cry |
| scoppiare in lacrime | to burst into tears |
| singhiozzare | to sob |
| sospirare | to sigh |
| | |
| addolorarsi (per) | to be distressed (by) |
| scioccare | to shock |
| sgomentare | to dismay |
| deludere | to disappoint |
| sconcertare | to disconcert |

| | |
|---|---|
| deprimere | to depress |
| commuovere | to move, to touch |
| colpire | to affect |
| turbare | to disturb, to trouble |
| aver pietà di | to take pity on |
| confortare | to comfort |
| consolare | to console |
| un dispiacere | grief |
| un dolore | sorrow |
| la tristezza | sadness |
| una delusione | disappointment |
| la disperazione | despair |
| la depressione | depression |
| la nostalgia | homesickness, nostalgia |
| la malinconia | melancholy |
| la sofferenza | suffering |
| la lacrima | tear |
| il singhiozzo | sob |
| il sospiro | sigh |
| il fallimento | failure |
| la sfortuna | bad luck |
| la disgrazia | misfortune |
| triste | sad |
| a pezzi, distrutto | shattered |
| deluso | disappointed |
| depresso | depressed |
| desolato | distressed |
| commosso | moved, touched |
| cupo | gloomy |
| affranto | heartbroken |

## paure e preoccupazioni

## fears and worries

| | |
|---|---|
| aver paura (di) | to be frightened (of) |
| temere | to fear |
| spaventare | to frighten |
| preoccuparsi (di) | to worry (about) |
| tremare | to tremble |
| avere il terrore di | to dread |

il terrore — terror, dread
lo spavento — fright
un brivido — shiver
uno shock *(inv)* — shock

un guaio — trouble
le ansie — anxieties
un problema — problem

pauroso — fearful
spaventato — afraid
spaventoso — frightening
morto di paura — petrified
preoccupato — worried
nervoso — nervous, tense
ansioso, apprensivo — anxious

## la gioia e la felicità — joy and happiness

divertirsi — to enjoy oneself
essere contentissimo (di) — to be delighted (about)
ridere (di/per) — to laugh (at)
scoppiare a ridere — to burst out laughing
ridere a crepapelle — to split one's sides with laughter
avere la ridarella — to have the giggles
sorridere — to smile
abbracciare — to hug
baciare — to kiss

l'allegria — cheerfulness
la felicità — happiness
la gioia — joy
la soddisfazione — satisfaction

la risata — laugh, laughter
uno scoppio di risa — burst of laughter
il sorriso — smile
un abbraccio — hug
un bacio — kiss

l'amore *(m)* — love
un amore a prima vista — love at first sight
la simpatia — liking
la fortuna — luck

| il successo | success |
| la sorpresa | surprise |
| il piacere | pleasure |
| **affezionato** | affectionate |
| **contento** | pleased |
| **felice** | happy |
| **innamorato** | in love |

**gli ha fatto paura**
he/she frightened him

**ha paura dei cani**
he's/she's frightened of dogs

**sento molto la mancanza di mio fratello**
I miss my brother very much

**non ho affatto nostalgia di casa**
I'm not homesick at all

**non stava più nella pelle dalla gioia**
he/she was beside himself/herself with delight

**beata lei!**
lucky her!

**è innamorato di Susanna**
he's in love with Susanna

# 13. I CINQUE SENSI
## THE FIVE SENSES

| la vista | sight |
|---|---|
| vedere | to see |
| guardare | to look at, to watch |
| osservare | to observe |
| esaminare | to examine, to study closely |
| scrutare | to scan |
| rivedere | to see again |
| intravedere | to catch a glimpse of |
| dare un'occhiata a | to glance at, to have a look at, to keep an eye on |
| fissare | to stare at |
| sbirciare | to peek at |
| accendere | to switch on (the light) |
| spegnere | to switch off (the light) |
| abbagliare | to dazzle |
| accecare | to blind |
| apparire | to appear |
| sparire | to disappear |
| riapparire | to reappear |
| guardare la televisione | to watch TV |
| la vista | sight, view |
| lo spettacolo | sight *(scene)*, show |
| la visione | vision |
| la veduta | view |
| il colore | colour |
| la luce | light |
| l'ombra | shade |
| la luminosità *(inv)* | brightness |
| l'oscurità *(inv)* | darkness |
| l'occhio | eye |
| gli occhiali | glasses |
| gli occhiali da sole | sunglasses |

| | |
|---|---|
| le lenti a contatto | contact lenses |
| la lente d'ingrandimento | magnifying glass |
| il binocolo | binoculars |
| il microscopio | microscope |
| il telescopio | telescope |
| il braille | Braille |
| luminoso | bright *(room)* |
| chiaro | light |
| abbagliante | dazzling |
| scuro | dark |

## l'udito — hearing

| | |
|---|---|
| sentire | to hear |
| ascoltare | to listen to |
| bisbigliare | to whisper |
| cantare | to sing |
| canticchiare a bocca chiusa | to hum |
| fischiare | to whistle |
| ronzare | to buzz |
| frusciare | to rustle |
| scricchiolare | to creak |
| suonare | to ring |
| tuonare | to thunder |
| assordare | to deafen |
| tacere, stare zitto | to be silent, to keep one's mouth shut |
| drizzare le orecchie | to prick up one's ears |
| sbattere la porta | to slam the door |
| superare la barriera del suono | to break the sound barrier |
| l'udito | hearing |
| un rumore | noise |
| un verso | noise *(of animals)* |
| un suono | sound |
| il baccano, il fracasso | racket, din |
| l'eco *(mf)* | echo |
| un bisbiglio | whisper |
| la voce | voice |
| una canzone | song |
| il canto | singing |

| | |
|---|---|
| il ronzio | buzzing |
| lo sfrigolio | crackling |
| l'esplosione *(f)* | explosion |
| lo scricchiolio | creaking |
| una scampanellata | ringing *(of doorbell)* |
| uno squillo | ringing *(of telephone)*, blast of trumpet |
| | |
| un fruscio | rustling |
| un tonfo | thump, thud, plop |
| un tuono | thunder |
| | |
| l'orecchio *(pl* le orecchie, gli orecchi) | ear |
| l'altoparlante *(m)* | loudspeaker |
| l'impianto di amplificazione | public address system |
| il citofono | intercom |
| la cuffia | earphones, headset |
| il walkman® *(inv)* | personal stereo, Walkman® |
| la radio *(inv)* | radio |
| l'alfabeto Morse | Morse code |
| i tappi per le orecchie | earplugs |
| l'apparecchio acustico | hearing aid |
| | |
| rumoroso | noisy |
| silenzioso | silent |
| forte | loud |
| acuto | shrill |
| debole | faint |
| assordante | deafening |
| sordo | deaf |
| duro d'orecchio | hard of hearing |

## il tatto — touch

| | |
|---|---|
| toccare | to touch |
| tastare | to feel |
| (ac)carezzare | to stroke |
| fare il solletico a | to tickle |
| strofinare | to rub |
| colpire | to knock, to hit |
| grattare | to scratch |
| | |
| il tatto | touch |
| la carezza | stroke |

| il colpo | blow |
| la stretta di mano | handshake |
| i polpastrelli | fingertips |
| liscio | smooth |
| ruvido | rough |
| morbido | soft |
| duro | hard |
| freddo | cold |
| caldo | warm, hot |

## il gusto | taste

| assaggiare | to taste *(sample)* |
| bere | to drink |
| mangiare | to eat |
| leccare | to lick |
| sorseggiare | to sip |
| trangugiare | to gobble up |
| gustare | to savour |
| inghiottire | to swallow |
| deglutire | to swallow |
| masticare | to chew |
| salare | to salt |
| zuccherare | to sweeten |
| speziare | to add spices to |
| il gusto | taste |
| la bocca | mouth |
| la lingua | tongue |
| la saliva | saliva |
| le papille gustative | taste buds |
| l'appetito | appetite |
| appetitoso | appetizing |
| squisito | delicious |
| disgustoso | horrible |
| dolce | sweet |
| salato | salted, salty |
| aspro | tart |
| acido | sour |
| amaro | bitter |
| piccante | spicy, hot |

| | |
|---|---|
| forte | strong |
| insipido | tasteless |

## l'olfatto — smell

| | |
|---|---|
| sentire odore di | to smell |
| sapere di | to smell of |
| annusare, fiutare | to sniff |
| puzzare | to stink |
| profumare | to perfume |
| avere un buon/cattivo odore | to smell nice/awful |
| | |
| l'olfatto, l'odorato | (sense of) smell |
| l'odore (m) | smell |
| il profumo | scent, perfume |
| l'aroma (m) | aroma |
| la fragranza | fragrance |
| il puzzo | stench |
| il fumo | smoke |
| il naso | nose |
| le narici | nostrils |
| | |
| profumato | scented, fragrant |
| puzzolente | stinking |
| fumoso | smoky |
| inodore | odourless |

**la cantina è buia**
it's dark in the cellar

**ho sentito il bambino cantare**
I heard the child singing

**è morbido al tatto**
it feels soft

**mi fa venire l'acquolina in bocca**
it makes my mouth water

**questo caffè sa di sapone**
this coffee tastes of soap

**questo cioccolato ha un sapore strano**
this chocolate tastes funny

**hai sentito odor di gas?**
did you smell gas?

**questa minestra non sa di niente**
this soup doesn't taste of anything

**c'è puzzo/odore di fumo in questa stanza**
this room smells of smoke

**c'è odor di chiuso qui, qui non si respira**
it's stuffy in here

See also sections **4 THE HUMAN BODY, 6 HEALTH, 16 FOOD** and **62 COLOURS.**

# 14. LE PREFERENZE E I GUSTI
## LIKES AND DISLIKES

| | |
|---|---|
| piacere | to like |
| amare | to love *(a person)* |
| adorare | to adore |
| voler (molto) bene a | to be fond of *(a person)* |
| essere entusiasta di | to be keen on |
| apprezzare | to appreciate |
| essere grato (per) | to be grateful (for) |
| aver voglia di | to feel like |
| | |
| detestare | to detest, to dislike |
| odiare | to hate |
| disprezzare | to despise |
| | |
| preferire | to prefer |
| scegliere | to choose |
| esitare | to hesitate |
| decidere | to decide |
| paragonare | to compare |
| | |
| aver bisogno di | to need |
| volere | to want |
| augurare | to wish |
| desiderare | to wish for |
| sperare | to hope for |
| | |
| l'amore *(m)* | love |
| la simpatia | liking *(for person)* |
| la predilezione | liking *(for thing)* |
| | |
| il ribrezzo, il disgusto | loathing |
| l'odio | hate |
| il disprezzo | contempt |
| | |
| la scelta | choice |
| il paragone, il confronto | comparison |
| la preferenza | preference |
| il contrario | opposite, contrary |
| l'opposto | opposite |

| il contrasto | contrast |
| la differenza | difference |
| la somiglianza | similarity |

| il bisogno, la necessità *(inv)* | need |
| il desiderio | wish |
| l'intenzione *(f)* | intention |

| paragonabile (a) | comparable (to) |
| diverso (da) | different (from) |
| uguale (a) | equal (to) |
| identico (a) | identical (to) |
| lo stesso (che) | the same (as) |
| simile (a) | similar (to) |
| in confronto a | in comparison with |
| rispetto a | in relation to |

| (di) più | more |
| (di) meno | less |
| tanto, molto | a lot |
| immensamente | enormously |
| un bel po' (di) | a great deal (of) |
| molto (di) più/meno | a lot more/less |
| un bel po' di più/meno | quite a lot more/less |

**questo libro mi piace**
I like this book

**mi piace molto recitare**
I quite like doing drama

**il rosso è il mio colore preferito**
red is my favourite colour

**il caffè mi piace più del tè**
I prefer coffee to tea

**preferisco stare a casa**
I'd rather stay at home, I prefer staying at home

**sono contento/a di vederti**
I'm pleased to see you

**stasera ho voglia di uscire**
I feel like going out tonight

# 15. LA VITA QUOTIDIANA E IL SONNO

## DAILY ROUTINE AND SLEEP

| | |
|---|---|
| svegliarsi | to wake up |
| alzarsi | to get up |
| stirarsi | to stretch |
| sbadigliare | to yawn |
| essere mezzo addormentato | to be half asleep |
| fare una bella dormita | to have a good sleep |
| svegliarsi troppo tardi | to oversleep |
| aprire le tende/le persiane | to open the curtains/shutters |
| tirar su la tapparella | to pull up the blind |
| spalancare la finestra | to open the window wide |
| accendere la luce | to switch the light on |
| andare in bagno | to go to the bathroom |
| | |
| lavarsi | to wash, to have a wash |
| lavarsi il viso | to wash one's face |
| lavarsi le mani | to wash one's hands |
| lavarsi i denti | to brush one's teeth |
| lavarsi i capelli/la testa | to wash one's hair |
| fare la doccia | to have a shower |
| fare il bagno | to have a bath |
| insaponarsi | to soap oneself down |
| sciacquarsi | to rinse oneself |
| asciugarsi | to dry oneself |
| asciugarsi le mani | to dry one's hands |
| radersi | to shave |
| andare al gabinetto/al bagno | to go to the toilet |
| vestirsi | to get dressed |
| pettinarsi | to do/comb one's hair |
| spazzolarsi i capelli | to brush one's hair |
| truccarsi | to put on (one's) make-up |
| mettersi le lenti a contatto | to put in one's contact lenses |
| mettersi la dentiera | to put in one's false teeth |

| | |
|---|---|
| (ri)fare il letto | to make the bed |
| accendere la radio/la televisione | to switch the radio/television on |
| spegnere la radio/la televisione | to switch the radio/television off |
| fare colazione | to have breakfast |
| dar da mangiare al gatto/cane | to feed the cat/dog |
| annaffiare le piante | to water the plants |
| prepararsi | to get ready |
| uscir di casa | to leave the house |
| andare a scuola | to go to school |
| andare in ufficio | to go to the office |
| andare a lavorare/al lavoro | to go to work |
| prendere l'autobus | to take the bus |
| (ri)tornare a casa | to come/go home |
| tornare (a casa) da scuola | to come back from school |
| tornare (a casa) dal lavoro | to come back from work |
| fare i compiti | to do one's homework |
| riposarsi | to have a rest |
| fare un pisolino/un sonnellino | to have a nap |
| fare la siesta | to have a nap *(in the afternoon)* |
| bere una tazza di tè | to have a cup of tea |
| far merenda | to have an afternoon snack |
| guardare la televisione | to watch television |
| leggere | to read |
| giocare | to play |
| cenare | to have dinner |
| chiudere la porta a chiave | to lock the door |
| spogliarsi, svestirsi | to undress |
| tirare le tende | to draw the curtains |
| chiudere le imposte | to pull down the blinds |
| andare a letto | to go to bed |
| rimboccare le coperte a | to tuck in *(person)* |
| mettere la sveglia | to set the alarm (clock) |
| spegnere la luce | to switch the light off |
| addormentarsi | to fall asleep |
| dormire | to sleep |
| sonnecchiare | to doze |
| sognare | to dream |

| | |
|---|---|
| dormire male | to sleep badly |
| avere l'insonnia | to suffer from insomnia |
| passare una notte in bianco | to have a sleepless night |

## la pulizia personale — personal hygiene

| | |
|---|---|
| il sapone | soap |
| l'asciugamano | towel |
| il telo da bagno | bath towel |
| l'asciugamano piccolo | hand towel |
| il guanto di spugna | flannel |
| la spugna | sponge |
| lo spazzolino (per le unghie) | (nail)brush |
| la spazzola | brush |
| il pettine | comb |
| lo spazzolino (da denti) | toothbrush |
| il dentifricio | toothpaste |
| lo shampoo *(inv)* | shampoo |
| il balsamo | conditioner |
| il bagnoschiuma *(inv)* | bubble bath |
| i sali da bagno | bath salts |
| il deodorante | deodorant |
| la carta igienica | toilet paper |
| l'asciugacapelli *(m inv)* | hair dryer |
| la bilancia | scales |

## il letto — bed

| | |
|---|---|
| il cuscino | pillow |
| il lenzuolo *(pl le lenzuola)* | sheet |
| la federa | pillowcase |
| la coperta | blanket |
| una coperta in più | extra blanket |
| il piumino, il piumone | duvet |
| il materasso | mattress |
| il copriletto | bedspread |
| la coperta elettrica | electric blanket |
| la borsa dell'acqua calda | hot-water bottle |
| di solito | usually |
| la/alla mattina, il/al mattino | in the morning |
| la/alla sera | in the evening |
| ogni mattina | every morning |
| poi | then |

**metto la sveglia alle sette**
I set my alarm (clock) for seven

**sono mattiniero/a**
I'm an early riser

**vado sempre a letto presto/tardi**
I go to bed early/late

**ho dormito come un ghiro**
I slept like a log

See also sections **16 FOOD, 17 HOUSEWORK, 23 MY ROOM** and **55 ADVENTURES AND DREAMS.**

# 16. IL CIBO
## FOOD

| | |
|---|---|
| mangiare | to eat |
| bere | to drink |
| assaggiare | to taste |
| fare colazione | to have/eat breakfast |
| pranzare | to have lunch |
| cenare | to have tea |

## i pasti — meals

| | |
|---|---|
| la (prima) colazione | breakfast |
| la cena | dinner, supper |
| il pranzo | lunch |
| il tè *(inv)* | tea |
| la merenda | morning/afternoon snack |
| il picnic *(inv)* | picnic |
| uno spuntino | snack |

## le portate — courses

| | |
|---|---|
| uno stuzzichino | appetizer |
| l'antipasto | hors d'oeuvre, starter |
| il primo | first course |
| il secondo | main course |
| il contorno | vegetables |
| il dolce | sweet |
| la frutta | fruit |
| il formaggio | cheese |

## le bevande — drinks

| | |
|---|---|
| l'acqua | water |
| l'acqua minerale (gassata) | (sparkling) mineral water |
| il latte | milk |
| il latte (parzialmente) scremato | (semi-) skimmed milk |
| il tè *(inv)* | tea |
| un tè al limone | lemon tea |

| | |
|---|---|
| un tè al latte | tea with milk |
| il caffè *(inv)* (nero/ solubile) | (black/instant) coffee |
| il caffellatte *(inv)* | white coffee |
| il cappuccino | cappuccino |
| una tisana | herbal tea |
| una camomilla | camomile tea |
| una cioccolata (calda) | (hot) chocolate |
| una bibita | soft drink |
| un'aranciata | orangeade |
| un succo d'arancio | orange juice |
| una spremuta d'arancio | fresh orange juice |
| un succo di mela | apple juice |
| una Coca® *(inv)* | Coke® |
| una limonata | lemonade |
| una bevanda alcolica | alcoholic drink |
| un'acqua tonica | tonic water |
| il sidro | cider |
| la birra | beer |
| la birra scura | stout |
| la birra chiara | lager |
| il whisky *(inv)* (di malto) | (malt) whisky |
| il vino rosso/bianco/rosé | red/white/rosé wine |
| lo champagne *(inv)* | champagne |
| l'aperitivo | aperitif |
| i liquori | liqueurs |
| il brandy *(inv)* | brandy |

## i condimenti e le spezie

seasonings and spices

| | |
|---|---|
| il sale | salt |
| il pepe | pepper |
| lo zucchero | sugar |
| la senape | mustard |
| l'aceto | vinegar |
| l'olio | oil |
| l'aglio | garlic |
| la cipolla | onion |
| le spezie | spices |
| le erbe aromatiche | herbs |

| | |
|---|---|
| il prezzemolo | parsley |
| il timo | thyme |
| il basilico | basil |
| l'origano | oregano |
| la menta | mint |
| il rosmarino | rosemary |
| la salvia | sage |
| il coriandolo | coriander |
| la cannella | cinnamon |
| una foglia di alloro | bay leaf |
| la noce moscata | nutmeg |
| un chiodo di garofano | clove |
| il peperoncino | chilli (pepper) |
| lo zafferano | saffron |
| la salsa | sauce |
| la maionese | mayonnaise |

## la colazione — breakfast

| | |
|---|---|
| il pane | bread |
| il pane integrale | wholemeal bread |
| una baguette *(inv)*, un filoncino | baguette, French stick |
| un panino | roll, sandwich |
| pane e burro | bread and butter |
| una fetta di pane e marmellata | slice of bread and jam |
| (una fetta di) pane tostato | (slice of) toast |
| un croissant *(inv)*, una brioche *(inv)* | croissant |
| il burro | butter |
| la margarina | margarine |
| la marmellata | jam, marmalade |
| il miele | honey |
| i fiocchi di granoturco | cornflakes |
| i biscotti | biscuits |
| lo yogurt *(inv)* | yoghurt |

## la frutta — fruit

| | |
|---|---|
| un frutto | piece of fruit |
| la mela | apple |

| | |
|---|---|
| la pera | pear |
| l'albicocca | apricot |
| la pesca | peach |
| la prugna | plum |
| la nocepesca | nectarine |
| il melone | melon |
| l'anguria | watermelon |
| l'ananas *(m inv)* | pineapple |
| la banana | banana |
| l'arancio, l'arancia | orange |
| il pompelmo | grapefruit |
| il mandarino | tangerine |
| il limone | lemon |
| la fragola | strawberry |
| il lampone | raspberry |
| la mora | blackberry |
| il ribes rosso *(inv)* | redcurrant |
| il ribes nero | blackcurrant |
| la ciliegia | cherry |
| un grappolo d'uva | bunch of grapes |

## la verdura

## vegetables

| | |
|---|---|
| una verdura | vegetable |
| i piselli | peas |
| i fagiolini | green beans |
| i porri | leeks |
| una patata | potato |
| il purè *(inv)* di patate | mashed potatoes |
| le patate al cartoccio | jacket potatoes |
| le patate arrosto/lesse | roast/boiled potatoes |
| le patatine | crisps |
| una carota | carrot |
| un cavolo | cabbage |
| un cavolfiore | cauliflower |
| i cavoletti di Bruxelles | Brussels sprouts |
| un finocchio | fennel |
| la lattuga | lettuce |
| gli spinaci | spinach |
| i funghi | mushrooms |
| i carciofi | artichokes |

| | |
|---|---|
| gli asparagi | asparagus |
| un peperone (verde/rosso) | (green/red) pepper |
| una melanzana | aubergine |
| i broccoli | broccoli |
| il zucchino | courgette |
| il granturco | corn |
| i ravanelli | radishes |
| un pomodoro | tomato |
| un cetriolo | cucumber |
| un avocado *(inv)* | avocado |
| i fagioli | beans |
| le lenticchie | lentils |
| i ceci | chickpeas |
| l'insalata | salad |
| il riso | rice |

## la carne      meat

| | |
|---|---|
| il maiale | pork |
| il vitello | veal |
| il manzo | beef |
| l'agnello | lamb |
| il montone | mutton |
| il pollo | chicken |
| il tacchino | turkey |
| l'oca | goose |
| l'anitra | duck |
| il pollame | poultry |
| la bistecca | steak |
| la scaloppina | escalope |
| l'arrosto | joint |
| il rosbif *(inv)* | roast beef |
| il cosciotto d'agnello | leg of lamb |
| lo stufato | stew |
| il lesso, il bollito | boiled beef |
| la carne macinata | mince |
| l'hamburger *(m inv)* | hamburger |
| il rognone | kidney |
| il fegato | liver |
| il prosciutto cotto | ham |
| il pâté *(inv)* di fegato | liver pâté |

| | |
|---|---|
| il sanguinaccio | black pudding |
| la salsiccia | sausage |
| il salame | salami |
| il bacon *(inv)* | bacon |

## il pesce

fish

| | |
|---|---|
| il merluzzo | cod |
| l'aringa | herring |
| le sardine | sardines |
| la sogliola | sole |
| il tonno | tuna |
| la trota | trout |
| il salmone (affumicato) | (smoked) salmon |
| i frutti di mare | seafood |
| l'aragosta | lobster |
| il granchio | crab |
| le ostriche | oysters |
| i gamberetti | prawns |
| le cozze | mussels |
| le vongole | clams |
| i calamari | squid |
| il polpo | octopus |

## le uova

eggs

| | |
|---|---|
| l'uovo *(pl* le uova) | egg |
| un uovo alla coque | boiled egg |
| un uovo sodo | hard-boiled egg |
| un uovo fritto | fried egg |
| le uova in camicia | poached eggs |
| le uova al prosciutto | ham and eggs |
| le uova strapazzate | scrambled eggs |
| la frittata | omelette |

## la pasta

pasta

| | |
|---|---|
| la pasta(sciutta) | pasta |
| le tagliatelle | tagliatelle |
| gli spaghetti | spaghetti |
| i maccheroni | macaroni |
| i ravioli | ravioli |
| le lasagne | lasagne |

## i piatti caldi

la minestra
la pastina in brodo
un arrosto d'agnello
le polpette
il maiale/pollo arrosto
una scaloppina al vino
    bianco

cotto
stracotto
ben cotto
al sangue
impanato
farcito
fritto
bollito
arrosto

## i dolci

la torta di mele
la panna (montata)
la macedonia di frutta
la zuppa inglese
il gelato (alla vaniglia)
lo yogurt *(inv)*
la mousse *(inv)* al cioccolato

## le golosità

il cioccolato al latte/
    fondente
una tavoletta di cioccolata
i biscotti
la torta
i pasticcini, le paste
i cioccolatini
il ghiacciolo
le caramelle
le mentine
la gomma da masticare
il lecca lecca *(inv)*

## hot dishes

soup
noodle soup
roast lamb
meatballs
roast pork/chicken
escalope cooked in white wine

cooked
overdone
well done
rare
cooked in breadcrumbs
stuffed
fried
boiled
roast

## desserts

apple tart
(whipped) cream
fruit salad
trifle
(vanilla) ice-cream
yoghurt
chocolate mousse

## sweet things

milk/plain chocolate

chocolate bar
biscuits
cake
pastries
chocolates
ice lolly
sweets
mints
chewing gum
lollipop

| **i sapori** | tastes |
|---|---|
| dolce | sweet |
| saporito | tasty |
| salato | savoury, salty |
| amaro | bitter |
| acido | sour |
| speziato | spicy |
| forte | strong |
| piccante | hot, spicy |
| insipido | tasteless |

**buon appetito! – grazie, altrettanto**
enjoy your meal! – thank you, you too

See also sections **5 HOW ARE YOU FEELING?**, **17 HOUSEWORK**, **61 QUANTITIES** and **62 DESCRIBING THINGS**.

# 17. LE FACCENDE DOMESTICHE
## HOUSEWORK

| | |
|---|---|
| fare i lavori di casa | to do the housework |
| cucinare | to cook |
| preparare il pranzo/la cena | to make lunch/dinner |
| lavare i piatti | to do the washing-up |
| fare il bucato | to do the washing |
| pulire | to clean |
| lucidare | to polish |
| spazzare | to sweep |
| spolverare | to dust |
| passare l'aspirapolvere | to vacuum |
| vuotare la pattumiera | to empty the bin |
| lavare | to wash |
| sciacquare | to rinse |
| asciugare | to dry, to wipe *(dishes)* |
| dare una passata/pulita a | to wipe |
| mettere in ordine | to tidy up, to put away |
| fare i letti | to make the beds |
| | |
| preparare | to prepare |
| tagliare | to cut |
| affettare | to slice |
| grattugiare | to grate |
| sbucciare | to peel |
| bollire | to boil, to be boiling |
| friggere | to fry |
| arrostire | to roast |
| tostare | to toast |
| apparecchiare la tavola | to set the table |
| sparecchiare la tavola | to clear the table |
| stirare | to iron |
| rammendare | to darn |
| aggiustare, riparare | to mend, to repair |
| aiutare | to help |
| dare una mano | to give a hand |

## le persone che lavorano in casa

la casalinga
la donna delle pulizie
la collaboratrice domestica
la cameriera
la ragazza alla pari
il/la baby-sitter *(inv)*

## people who work in the house

housewife
cleaner
home help
maid
au pair girl
babysitter

## gli elettrodomestici

l'aspirapolvere *(m inv)*
la lucidatrice
la lavatrice
la centrifuga
l'asciugatrice *(f)*
il ferro da stiro
la macchina da cucire

il frullatore
il robot *(inv)* da cucina
il macinacaffè *(inv)*
il forno a microonde
il frigorifero
il congelatore
la lavastoviglie *(inv)*
la cucina, il fornello
il forno
l'elettricità
il tostapane *(inv)*
il bollitore elettrico
la macchina del caffè

## electrical appliances

vacuum cleaner
floor polisher
washing machine
spin-dryer
tumble dryer
iron
sewing machine

mixer
food processor
coffee grinder
microwave (oven)
refrigerator, fridge
freezer
dishwasher
cooker
oven
electricity
toaster
electric kettle
coffee-maker *(electric)*

## gli utensili di cucina

l'asse *(f)* da stiro
la scopa
la paletta
la spazzola
lo straccio
il panno
lo strofinaccio da cucina

## household items

ironing board
broom
dustpan
brush
rag, cloth, duster
duster
dish towel

| | |
|---|---|
| lo scolapiatti *(inv)* | dish drainer |
| il guanto da forno | oven glove |
| lo stendibiancheria *(inv)* | clothes horse |
| la molletta | clothes peg |
| il detersivo (per i piatti) | washing-up liquid |
| il detersivo (per il bucato) | washing powder |
| il secchio | bucket |
| il catino | basin |
| | |
| una pentola | pot |
| un pentolino | small saucepan |
| una padella | frying pan |
| un tegame | pan |
| una teglia | casserole dish |
| la pentola a pressione | pressure cooker |
| la friggitrice | deep-fat fryer |
| il coperchio | lid |
| lo scolapasta *(inv)* | colander |
| il matterello | rolling pin |
| il tagliere | chopping board |
| il coltello da cucina/da pane | kitchen/bread knife |
| lo sbucciapatate *(inv)* | potato peeler |
| il mestolo | ladle |
| l'apriscatole *(m inv)* | tin opener |
| l'apribottiglie *(m inv)* | bottle opener |
| il cavatappi *(inv)* | corkscrew |
| la frusta | whisk |
| l'imbuto | funnel |
| il vassoio | tray |

## le posate — cutlery

| | |
|---|---|
| una posata | piece of cutlery |
| il cucchiaio | spoon |
| il cucchiaino | teaspoon |
| la forchetta | fork |
| il coltello | knife |

## le stoviglie — dishes

| | |
|---|---|
| una stoviglia | piece of crockery |
| un piatto | dish |
| il sottopiatto | place mat |

| il piatto piano | plate |
| il piatto fondo | soup plate |
| il piattino | saucer |
| il piatto di portata | serving dish |
| la tazza da caffè/da tè | coffee/tea cup |
| la tazzina da caffè | espresso coffee cup |
| il bicchiere | glass |
| la bottiglia | bottle |
| la zuppiera | soup tureen |
| l'oliera | oil and vinegar cruet |
| la zuccheriera | sugar bowl |
| la teiera | teapot |
| la caraffa | carafe, decanter |
| la caffettiera | coffee pot, coffee-maker |
| la lattiera | milk jug |
| il portauovo *(inv)* | egg cup |

**mio padre lava sempre i piatti**
my father always does the dishes

**i miei genitori si dividono i lavori domestici**
my parents share the housework

See also sections **16 FOOD** and **24 THE HOUSE**.

# 18. LE COMPERE
## SHOPPING

| | |
|---|---|
| comprare | to buy |
| costare | to cost |
| spendere | to spend |
| cambiare | to exchange |
| pagare | to pay |
| dare il resto | to give change |
| vendere | to sell |
| svendere | to sell at a reduced price |
| fare lo sconto | to give a discount |
| andare a fare (le) compere | to go shopping |
| fare (lo) shopping | to go shopping *(not used for food)* |
| fare la spesa | to do the shopping *(used only for food)* |
| | |
| a buon mercato/prezzo | cheap |
| caro, costoso | expensive |
| gratuito, gratis | free |
| un'occasione | bargain |
| a prezzo ribassato | at a reduced price |
| in offerta speciale | on special offer |
| di seconda mano | second-hand |
| il/la cliente | customer |
| il commesso/la commessa | shop assistant |

## i negozi
## shops

| | |
|---|---|
| l'agenzia di viaggi | travel agent's |
| la bottega | shop |
| la bottiglieria | off-licence |
| la calzoleria | shoe shop, cobbler's |
| la cartoleria | stationer's |
| il centro commerciale | shopping centre |
| l'edicola | newsstand |
| la farmacia | chemist's |
| la ferramenta | ironmonger's, hardware shop |

| | |
|---|---|
| la gelateria | ice-cream shop |
| la gioielleria | jeweller's |
| il grande magazzino | department store |
| l'istituto di bellezza | beauty salon |
| la latteria | dairy |
| la lavanderia (automatica) | laundry, launderette |
| la libreria | bookshop |
| la macelleria | butcher's |
| il mercato (coperto) | (indoor) market |
| la merceria | haberdasher's |
| il negozio | shop |
| il negozio del fiorista | florist's |
| il negozio di apparecchi fotografici | photographer's |
| il negozio di articoli sportivi | sports shop |
| il negozio di dischi | record shop |
| il negozio di frutta e verdura | greengrocer's |
| il negozio di generi alimentari | grocer's |
| il negozio di souvenir | souvenir shop |
| la panetteria | baker's |
| la pasticceria | cake shop |
| la pelletteria | leather goods shop |
| la pescheria | fishmonger's |
| la salumeria | delicatessen |
| il supermercato | supermarket |
| la tabaccheria | tobacconist and newsagent's |
| la tintoria | dry cleaner's |
| la borsa | bag |
| il sacchetto di plastica | plastic bag |
| la borsa della spesa | shopping bag |
| il cesto | shopping basket |
| il carrello | (supermarket) trolley |
| le istruzioni per l'uso | instructions for use |
| il prezzo | price |
| la cassa | till, checkout, cash desk |
| la moneta, gli spiccioli | change *(coins)* |
| il resto | change *(money returned)* |
| l'assegno | cheque |
| la carta di credito | credit card |
| lo scontrino | receipt |

| | |
|---|---|
| i saldi | sales |
| il banco | counter |
| il reparto | department |
| la cabina di prova | fitting room |
| la scala mobile | escalator |
| il primo piano | first floor |
| l'ascensore *(m)* | lift |
| la vetrina | shop window |
| la taglia | size |

**vado dal parrucchiere**
I'm going to the hairdresser's

**desidera?**
can I help you?

**vorrei un chilo di mele, per favore**
I'd like a kilo of apples, please

**avete banane?**
have you got any bananas?

**desidera altro?, basta così?**
anything else?

**(no,) grazie, è tutto/basta così**
that's all, thank you

**quant'è?**
how much is this?

**sono 60 euro (in tutto)**
that comes to 60 euros (altogether)

**posso pagare con un assegno?**
can I pay by cheque?

**accettate carte di credito?**
do you take credit cards?

**si accomodi alla cassa, prego**
please pay at the cash desk

**devo farle un pacco regalo?**
do you want it gift-wrapped?

**scusi, dov'è il reparto calzature?**
excuse me, where is the shoe department?

**desidero essere rimborsato/a**
I'd like a refund

**mi piace guardare le vetrine**
I like window-shopping

See also sections **2 CLOTHES AND FASHION, 10 WORK AND JOBS** and **31 MONEY.**

# 19. LO SPORT

SPORT

| | |
|---|---|
| allenarsi | to train |
| tuffarsi | to dive |
| saltare | to jump |
| giocare | to play |
| correre | to run |
| lanciare | to throw |
| sparare | to shoot |
| sciare | to ski |
| pattinare | to skate |
| nuotare | to swim |
| galoppare | to gallop |
| trottare | to trot |
| andare a cavallo | to go horse-riding |
| giocare a calcio/a pallavolo | to play football/volleyball |
| andare a caccia | to go hunting |
| andare a pesca | to go fishing |
| andare a sciare | to go skiing |
| segnare, fare un gol | to score a goal |
| essere in testa | to be in the lead |
| battere un primato | to beat a record |
| servire | to serve |
| vincere | to win |
| perdere | to lose |
| battere | to beat |
| un/una professionista | professional |
| un/una dilettante | amateur |
| un tifoso/una tifosa | fan |

## i vari sport — types of sport

| | |
|---|---|
| l'aerobica | aerobics |
| l'alpinismo | mountaineering |
| l'atletica | athletics |
| il badminton | badminton |
| la caccia | hunting |

| | |
|---|---|
| il calcio | football, soccer |
| il canoismo | canoeing |
| il canottaggio | rowing |
| il ciclismo | cycling |
| la corsa | running |
| il cricket | cricket |
| il culturismo | body-building |
| il delfino | butterfly-stroke |
| il deltaplano | hang-gliding |
| il dorso | backstroke |
| l'equitazione *(f)* | horse riding |
| il football americano | American football |
| il footing | jogging |
| la ginnastica | gymnastics, physical training |
| il golf | golf |
| l'hockey *(m)* su ghiaccio | ice hockey |
| l'hockey *(m)* su prato | hockey |
| il jogging | jogging |
| il judo | judo |
| il karatè | karate |
| la lotta | wrestling |
| il nuoto | swimming |
| la pallacanestro, il basket | basketball |
| la pallamano | handball |
| la pallavolo | volleyball |
| il paracadutismo | parachuting |
| il pattinaggio a rotelle | roller-skating |
| il pattinaggio su ghiaccio | ice-skating |
| la pesca | fishing |
| il ping-pong® | table tennis |
| il pugilato, la boxe | boxing |
| la rana | breast-stroke |
| la roccia | rock climbing |
| il rugby | rugby |
| il salto in alto | high jump |
| il salto in lungo | long jump |
| la scherma | fencing |
| lo sci | skiing |
| lo sci d'acqua | water-skiing |
| lo sci di fondo | cross-country skiing |
| il sollevamento pesi | weight-lifting |

| | |
|---|---|
| la speleologia | potholing |
| lo sport *(inv)* | sport |
| gli sport invernali | winter sports |
| lo squash | squash |
| lo stile libero | crawl |
| il surf | surfboarding |
| il tennis | tennis |
| il tiro | shooting |
| il tuffo | diving |
| la vela | sailing |
| il volo a vela | hang-gliding |
| il windsurf | windsurfing |

## l'attrezzatura — equipment

| | |
|---|---|
| la barca a vela | sailing boat |
| il bastone da hockey | hockey stick |
| la bicicletta | bicycle |
| la boccia | bowl |
| la canna da pesca | fishing rod |
| la canoa | canoe |
| il cronometro | stopwatch |
| i guantoni (da boxe) | boxing gloves |
| la mazza | bat *(baseball/cricket)* |
| la mazza da golf | golf club |
| la mountain bike *(inv)* | mountain bike |
| la palla, il pallone | ball |
| le parallele | parallel bars |
| i pattini | skates |
| la racchetta (da tennis) | (tennis) racket |
| la rete | net |
| le scarpe da football | football boots |
| gli sci | skis |
| la sella | saddle |
| il surf *(inv)* | surfboard |
| la tavola a vela | sailboard |

## luoghi e strutture — places

| | |
|---|---|
| il campo | course, court, field, ground, pitch |
| il campo da golf | golf course |
| il campo da hockey | hockey field |

| | |
|---|---|
| il campo da tennis | tennis court |
| il campo di calcio | football pitch |
| il campo sportivo | sports ground |
| il centro sportivo | sports centre |
| le docce | showers |
| la piscina | swimming pool |
| la pista | rink, slope, track |
| la pista ciclabile | cycle track |
| la pista da pattinaggio | ice-rink |
| la pista da sci | ski slope |
| gli spogliatoi | changing rooms |
| lo stadio | stadium |
| il trampolino | diving board |

## le competizioni

competing

| | |
|---|---|
| l'allenamento | training |
| la squadra (vincitrice) | (winning) team |
| la corsa | race |
| la tappa | stage |
| la mischia | scrum |
| la gara a cronometro | time-trial |
| lo sprint *(inv)* | sprint |
| la partita | match |
| l'intervallo | half-time |
| il gol *(inv)* | goal |
| il punteggio | score |
| il pareggio | draw |
| il tempo supplementare | extra time |
| il calcio di rigore | penalty kick |
| il gioco | game |
| la maratona | marathon |
| una gara, una competizione | sporting event, race, competition |
| il campionato | championship |
| un torneo | tournament, competition |
| un raduno | meeting, rally |
| la batteria, l'eliminatoria | heat |
| la finale | final |
| il primato, il record *(inv)* (mondiale) | (world) record |
| i Giochi Olimpici | Olympic Games |

| | |
|---|---|
| Il Campionato Mondiale di Calcio | World Cup |
| la medaglia | medal |
| la coppa | cup |

## le gente

people

| | |
|---|---|
| un'ala | winger |
| un/un'alpinista | mountaineer |
| un/un'atleta | athlete |
| un calciatore/una calciatrice | footballer |
| un/una ciclista | (racing) cyclist |
| un corridore | runner |
| un giocatore/ una giocatrice di ... | ... player |
| un pattinatore/una pattinatrice | skater |
| un portiere | goalkeeper |
| un/una pugile | boxer |
| uno sciatore/una sciatrice | skier |
| una sportiva | sportswoman |
| uno sportivo | sportsman |
| un/una tennista | tennis player |
| un tuffatore/una tuffatrice | diver |
| l'arbitro | referee |
| l'allenatore/l'allenatrice | coach |
| il campione/la campionessa | champion |
| il secondo/la seconda in classifica | runner-up |
| il maestro/la maestra di sci | ski instructor |
| l'istruttore/l'istruttrice di nuoto | swimming instructor |
| il tifoso/la tifosa | supporter |
| il vincitore/la vincitrice | winner |
| il/la perdente | loser |

**fa molto sport**
he/she does a lot of sport

**facciamo una partita di tennis!**
let's have a game of tennis!

**a scuola facciamo attività sportive il martedì**
at school we have games every Tuesday

**ci sono state delle belle azioni nel primo tempo**
there was some good play in the first half

**è cintura nera di judo**
he's/she's a black-belt in judo

**le due squadre hanno pareggiato**
the two teams drew

**hanno dovuto giocare i tempi supplementari**
they had to go into extra time

**il corridore ha tagliato il traguardo**
the runner crossed the finishing line

**pronti! attenti! via!**
ready, steady, go!

See also section **2 CLOTHES AND FASHION.**

# 20. IL TEMPO LIBERO
## LEISURE AND HOBBIES

| | |
|---|---|
| interessarsi a | to be interested in |
| divertirsi | to enjoy oneself |
| annoiarsi | to be bored |
| leggere | to read |
| disegnare | to draw |
| dipingere | to paint |
| avere l'hobby del fai da te | to do DIY |
| costruire | to build |
| fare fotografie | to do photography |
| collezionare | to collect |
| cucinare | to cook |
| fare il giardinaggio | to do gardening |
| cucire | to sew |
| lavorare a maglia | to knit |
| ballare | to dance |
| cantare | to sing |
| giocare (a) | to play *(game)* |
| suonare | to play *(musical instrument)* |
| surfare il net | to surf the Internet |
| partecipare a | to take part in |
| vincere | to win |
| perdere | to lose |
| battere | to beat |
| barare, imbrogliare | to cheat |
| fare delle passeggiate | to go for walks |
| fare un giro in bicicletta | to go for a cycle ride |
| andare in bicicletta | to cycle |
| fare un giro in macchina | to go for a run in the car |
| andare a pesca | to go fishing |
| interessante | interesting |
| entusiasmante | fascinating, exciting |
| appassionato di | very keen on |
| noioso | boring |
| gli hobby | hobbies |

| | |
|---|---|
| un passatempo | pastime |
| il tempo libero | spare time |
| la lettura | reading |
| il libro | book |
| un libro di fumetti | comic book |
| una rivista | magazine |
| la poesia | poetry, poem |
| la pittura | painting |
| il pennello | brush |
| la scultura | sculpture |
| la ceramica | pottery |
| il fai da te | DIY |
| il modellismo | model-making |
| il martello | hammer |
| il cacciavite *(inv)* | screwdriver |
| il chiodo | nail |
| la vite | screw |
| il trapano | drill |
| la sega | saw |
| la lima | file |
| la colla | glue |
| la vernice | paint |
| la fotografia | photography |
| una foto(grafia) | photo(graph) |
| la macchina fotografica | camera |
| un rullino | film |
| il cinema *(inv)* | cinema |
| la videocamera | camcorder |
| il video *(inv)* | video |
| l'informatica | computing |
| il computer *(inv)* | computer |
| i giochi per il computer | computer games |
| la filatelia | stamp collecting |
| un francobollo | stamp |
| un album *(inv)* | album, scrapbook |
| una collezione | collection |
| la cucina | cooking |
| una ricetta | recipe |
| il giardinaggio | gardening |

| | |
|---|---|
| l'annaffiatoio | watering can |
| la vanga | spade |
| il rastrello | rake |
| la zappa | hoe |
| | |
| il taglio e cucito | dressmaking |
| la macchina da cucire | sewing machine |
| l'ago | needle |
| il filo | thread |
| il ditale | thimble |
| il (carta) modello | pattern |
| le forbici | scissors |
| il lavoro a maglia | knitting |
| il ferro | knitting needle |
| un gomitolo di lana | ball of wool |
| l'uncinetto | crochet |
| il ricamo | embroidery |
| | |
| il ballo | dancing |
| il balletto | ballet |
| la musica | music |
| il canto | singing |
| una canzone | song |
| il coro | choir |
| il piano (forte) | piano |
| il violino | violin |
| il violoncello | cello |
| il clarinetto | clarinet |
| il flauto | flute |
| il flauto diritto | recorder |
| la chitarra | guitar |
| il tamburo | drum |
| la batteria | drums |
| il basso | bass |
| | |
| un gioco | game |
| un giocattolo | toy |
| un gioco di società | board game |
| gli scacchi | chess |
| la dama | draughts |
| un puzzle (inv) | jigsaw |
| le carte | cards |

| | |
|---|---|
| un dado | dice |
| una scommessa | bet |
| una gita, un'escursione | excursion, outing, hike |
| il ciclismo | cycling |
| l'ornitologia | birdwatching |

**mi piace leggere/lavorare a maglia**
I like reading/knitting

**Raimondo è molto bravo nei lavori manuali**
Raimondo is very good with his hands

**Elena è un'appassionata di cinema**
Elena is very keen on cinema

**faccio un corso di danza**
I take ballet lessons

**a chi tocca? – tocca a te**
whose turn is it? – it's your turn

See also sections **19 SPORT, 21 THE MEDIA, 22 AN EVENING OUT, 37 COMPUTERS AND THE INTERNET** and **44 CAMPSITES AND YOUTH HOSTELS.**

## 21. I MEDIA
### THE MEDIA

| | |
|---|---|
| ascoltare | to listen to |
| sentire | to hear |
| guardare | to watch |
| vedere | to see |
| leggere | to read |
| sfogliare | to leaf through |
| dare una scorsa a | to glance through |
| accendere | to switch on |
| spegnere | to switch off |
| alzare/abbassare il volume | to turn the volume up/down |
| cambiare canale | to switch over |
| trasmettere | to broadcast |
| andare in onda | to go on the air, to be broadcast |

### la radio
### radio

| | |
|---|---|
| una radio *(inv)* | radio |
| un transistor *(inv)* | transistor radio |
| un walkman® *(inv)* | Walkman® |
| un riproduttore portatile | personal stereo |
| una trasmissione radio(fonica) | (radio) broadcast/programme |
| il giornale radio | news bulletin |
| le notizie | news |
| un'intervista | interview |
| un quiz *(inv)* radiofonico | radio quiz |
| la hit-parade *(inv)* | charts |
| un 45 giri | single |
| un 33 giri | album |
| un comunicato commerciale | commercial *(radio)* |
| un ascoltatore/un'ascoltatrice | listener |
| la ricezione | reception |
| un'interferenza | interference |

### la televisione
### television

| | |
|---|---|
| la TV *(inv)* | TV |
| la televisione a colori | colour television |

| | |
|---|---|
| il televisore | television set |
| lo schermo | screen |
| l'antenna | aerial |
| il telecomando | remote control |
| il canale | channel |
| un programma | programme |
| il telegiornale | television news |
| un film *(inv)* | film |
| un documentario | documentary |
| un telefilm *(inv)* a puntate | series |
| una soap opera *(inv)* | soap opera |
| una puntata | episode |
| le previsioni del tempo | weather forecast |
| il talk show | chat show |
| uno spot *(inv)* pubblicitario | commercial *(TV)* |
| l'annunciatore/ l'annunciatrice | newsreader, announcer |
| il presentatore/ la presentatrice | announcer, presenter |
| un telespettatore/ una telespettatrice | viewer |
| la televisione via cavo | cable TV |
| la televisione digitale | digital TV |
| la televisione via satellite | satellite TV |
| un videoregistratore | video recorder |
| un lettore DVD | DVD player |
| una videocassetta | video, videocassette |

## la stampa press

| | |
|---|---|
| un giornale | newspaper |
| il giornale del mattino/della sera | morning/evening paper |
| un quotidiano | daily paper |
| un settimanale | weekly |
| una rivista | magazine |
| la stampa scandalistica | gutter press |
| un/una giornalista | journalist |
| un/una cronista | reporter |
| un/una corrispondente | correspondent |
| il redattore/la redattrice capo | chief editor |

| | |
|---|---|
| un reportage *(inv)* | press report |
| un articolo | article |
| i titoli | headlines |
| una rubrica | (regular) column |
| la rubrica sportiva | sports column |
| la posta del cuore | agony column |
| un annuncio pubblicitario | advertisement |
| la pubblicità *(inv)* | advertising |
| le inserzioni | classified ads |
| una conferenza stampa | press conference |
| un'agenzia di stampa | news agency |
| la tiratura | circulation |

**sulle onde corte/medie/lunghe**
on short/medium/long wave

**alla radio**
on the radio/air

**cosa c'è stasera alla TV?**
what's on TV tonight?

**in diretta da Wimbledon**
live from Wimbledon

# 22. UNA SERATA FUORI
## AN EVENING OUT

| | |
|---|---|
| uscire | to go out |
| incontrarsi | to meet |
| andare a ballare | to go dancing |
| andare a vedere | to go and see |
| invitare | to invite |
| prenotare | to book |
| applaudire | to applaud |
| divertirsi | to enjoy oneself |
| annoiarsi | to be bored |
| tornare a casa | to go/come home |
| accompagnare | to accompany |
| offrire | to offer |
| ordinare | to order |
| raccomandare | to recommend |
| | |
| da solo/a | alone |
| assieme a, insieme a | (together) with |

## gli spettacoli
## shows

| | |
|---|---|
| il teatro | theatre |
| un costume | costume |
| il palcoscenico | stage |
| la scena | set |
| le quinte | wings |
| il sipario | curtain |
| il guardaroba *(inv)* | cloakroom |
| l'orchestra | orchestra |
| un posto | seat |
| la platea | stalls |
| la prima galleria | dress circle |
| un palco | box |
| il loggione | gods |
| l'intervallo | interval |
| il programma | programme |
| il botteghino | box office |

| | |
|---|---|
| la rappresentazione | performance *(presentation)* |
| l'interpretazione *(f)* | performance *(by actor)* |
| l'esecuzione *(f)* | performance *(of musical piece)* |
| la prima | first night, première |
| un lavoro teatrale | play |
| un dramma | drama |
| una commedia | comedy |
| una tragedia | tragedy |
| un'opera (lirica) | opera |
| un'operetta | operetta |
| il balletto | ballet |
| un concerto di musica classica | classical music concert |
| un concerto rock | rock concert |
| uno spettacolo | show |
| il circo | circus |
| i fuochi d'artificio | fireworks |
| gli spettatori, il pubblico | audience |
| la maschera | usher, usherette |
| l'attore/l'attrice | actor/actress |
| il ballerino/la ballerina | dancer |
| il direttore d'orchestra | conductor |
| un/una musicista | musician |
| un/un'illusionista | magician |
| un pagliaccio | clown |

## il cinema  cinema

| | |
|---|---|
| il cinema *(inv)* | cinema |
| un film *(inv)* | film |
| la biglietteria | ticket office |
| lo spettacolo | showing |
| il biglietto | ticket |
| lo schermo | screen |
| il proiettore | projector |
| un cartone animato | cartoon |
| un documentario | documentary |
| un film storico | historical film |
| un film dell'orrore | horror film |
| un film poliziesco | detective film |
| un film di fantascienza | science-fiction film |

| un western *(inv)* | western |
| i sottotitoli | subtitles |
| il doppiaggio | dubbing |
| un film in bianco e nero | black and white film |
| il/la regista | director |
| un divo/una diva (del cinema) | (film) star |

## le discoteche e i balli — discos and dances

| un ballo | dance |
| una sala da ballo | dance hall |
| una discoteca | disco |
| un night-club *(inv)* | nightclub |
| un bar *(inv)* | bar |
| un disco | record |
| la pista da ballo | dance floor |
| il rock and roll | rock-and-roll |
| un gruppo pop | pop group |
| la musica folk | folk (music) |
| un lento | slow number |
| un/una disc-jockey *(inv)* | DJ |
| un/una cantante | singer |
| il buttafuori *(inv)* | bouncer |

## cenare fuori — eating out

| un ristorante | restaurant |
| una trattoria | (small) restaurant |
| un pub *(inv)* | pub |
| una pizzeria | pizzeria |
| una tavola calda | snack bar |
| il fast food *(inv)* | fast-food restaurant |
| il cameriere/la cameriera | waiter/waitress |
| il menù *(inv)* | menu |
| il piatto del giorno | dish of the day |
| la lista dei vini | wine list |
| il conto | bill |
| la mancia | tip |
| un ristorante cinese | Chinese restaurant |
| un ristorante indiano | Indian restuarant |
| un ristorante italiano | Italian restaurant |

## gli inviti — invitations

| | |
|---|---|
| gli invitati | guests |
| l'ospite *(mf)* | host, guest |
| un regalo | present |
| un mazzo di fiori | bunch of flowers |
| una scatola di cioccolatini | box of chocolates |
| un drink *(inv)* | drink |
| le patatine | crisps |
| le noccioline (americane) | peanuts |
| una festa | party |
| il compleanno | birthday |
| le candeline | candles |

## il tabacco — tobacco

| | |
|---|---|
| fumare | to smoke |
| accendere | to light |
| spegnere | to put out, to stub out |
| una sigaretta | cigarette |
| un sigaro | cigar |
| una sigaretta senza filtro | unfiltered cigarette |
| un mozzicone | stub |
| una pipa | pipe |
| un fiammifero | match |
| un accendino | lighter |
| un pacchetto di sigarette | packet of cigarettes |
| un pacchetto di tabacco | packet of tobacco |
| il tabacco da pipa | pipe tobacco |
| una scatola di fiammiferi | box of matches |
| la cenere | ash |
| un portacenere *(inv)* | ashtray |
| il fumo | smoke |

**ha da accendere, per favore?**
have you got a light, please?

**bis!**
encore!

**il servizio è compreso**
service included

**cosa danno al cinema stasera?**
what's showing at the cinema tonight?

**vuoi uscire stasera?**
do you want to go out tonight?

**dove/a che ora ci vediamo?**
where/what time shall we meet?

See also section **16 FOOD.**

# 23. LA MIA CAMERA
## MY ROOM

| | |
|---|---|
| il pavimento | floor |
| la moquette *(inv)* | (fitted) carpet |
| il soffitto | ceiling |
| il muro, la parete | wall |
| la porta | door |
| la finestra | window |
| le tende | curtains |
| le persiane | shutters |
| le veneziane | Venetian blinds |
| la persiana avvolgibile | rolling shutter |
| la carta da parati | wallpaper |

## i mobili — furniture

| | |
|---|---|
| il letto | bed |
| il copriletto *(inv)* | bedspread |
| il comodino | bedside table |
| il cassettone | chest of drawers |
| la toilette *(inv)* | dressing table |
| l'armadio | wardrobe, cupboard |
| la scrivania | desk |
| la sedia, la seggiola | chair |
| lo sgabello | stool |
| la poltrona | armchair |
| il divano | sofa |
| gli scaffali | shelves |
| la libreria | bookcase |

## gli oggetti — objects

| | |
|---|---|
| la lampada | lamp |
| la lampada da comodino | bedside lamp |
| il paralume | lampshade |
| la sveglia | alarm clock |
| la radiosveglia | radio alarm |
| un tappeto | rug |

| | |
|---|---|
| un poster *(inv)* | poster |
| un quadro | picture |
| una fotografia | photograph |
| uno specchio | mirror |
| un libro | book |
| una rivista | magazine |
| un fumetto | comic |
| un diario, un'agenda | diary |
| un gioco | game |
| un giocattolo | toy |

See also sections **15 DAILY ROUTINE AND SLEEP** and **24 THE HOUSE**.

## 24. LA CASA
### THE HOUSE

| | |
|---|---|
| abitare | to live |
| traslocare | to move |
| cambiar casa | to move (house) |
| dare in affitto | to let |
| prendere in affitto | to rent |
| l'affitto | rent |
| un mutuo | mortgage |
| il trasloco | removal |
| l'inquilino/a | tenant |
| il proprietario/la proprietaria | owner |
| il portinaio/la portinaia | caretaker |
| l'addetto al trasloco | removal man |
| la casa | house |
| un edificio | building |
| un grattacielo | skyscraper |
| una villetta | detached house *(small)* |
| una villa | country house, villa |
| una villetta bifamiliare | semi-detached house |
| le villette a schiera | terraced houses |
| un alloggio popolare | council flat |
| un caseggiato | block of flats |
| un monolocale | studio flat |
| un appartamento (ammobiliato) | (furnished) flat |

### le parti della casa — parts of the house

| | |
|---|---|
| il seminterrato | basement |
| il pianterreno | ground floor |
| il primo piano | first floor |
| la soffitta | loft |
| la cantina | cellar |
| una stanza, un locale | room |
| la mansarda | attic room |

| | |
|---|---|
| il piano | floor, storey |
| il pianerottolo | landing |
| le scale | stairs |
| un gradino | step |
| il corrimano | banister |
| l'ascensore *(m)* | lift |
| il muro | wall |
| il tetto | roof |
| la tegola | roof tile |
| il camino | chimney |
| il caminetto | fireplace |
| la porta | door |
| la porta d'ingresso | front door |
| la finestra | window |
| il davanzale (della finestra) | (window) sill |
| la vetrata | big window |
| la portafinestra | French window |
| il balcone | balcony *(small)* |
| il terrazzo | balcony *(large)*, patio |
| il cortile | courtyard |
| la veranda | veranda |
| il garage *(inv)* | garage |
| (il piano) di sopra | upstairs |
| (il piano) di sotto | downstairs |
| dentro | inside |
| fuori | outside |

## le stanze

the rooms

| | |
|---|---|
| una stanza | room |
| l'ingresso | entrance (hall) |
| il corridoio | hall |
| la zona giorno/notte | living/sleeping area |
| la cucina | kitchen |
| la stanza da pranzo | dining room |
| il tinello | small dining room |
| il soggiorno | living room |
| il salotto | sitting room, lounge |
| lo studio | study |
| la biblioteca | library |
| la camera da letto | bedroom |

| | |
|---|---|
| il bagno | bathroom |
| il gabinetto | toilet |

## i mobili — furniture

| | |
|---|---|
| una sedia | chair |
| una poltrona | armchair |
| una sedia a dondolo | rocking chair |
| un divano | sofa |
| un tavolo | table |
| un tavolino | coffee table |
| una credenza | dresser, cupboard |
| una libreria | bookcase |
| un buffet *(inv)* | sideboard |
| un carrello (portavivande) | trolley |
| una scrivania | desk |
| gli scaffali | shelves |
| il pianoforte | piano |
| il letto | bed |
| l'armadio (guardaroba) | wardrobe |
| la doccia | shower |
| il lavabo | washbasin |
| la vasca da bagno | bathtub |
| il bidè *(inv)* | bidet |
| il water *(inv)* | WC |
| un armadietto del bagno | bathroom cabinet |

## gli oggetti e gli accessori — objects and fittings

| | |
|---|---|
| l'antenna | aerial |
| un attaccapanni *(inv)* | coat rack |
| la bilancia (pesapersone) | bathroom scales |
| (il buco del) la serratura | keyhole |
| un calorifero | radiator |
| il campanello | doorbell |
| la candela | candle |
| il candeliere | candlestick |
| la carta da parati | wallpaper |
| la cassetta delle lettere | letterbox |
| un cassetto | drawer |
| il catenaccio | bolt |

| | |
|---|---|
| il cestino (per la carta straccia) | (wastepaper) basket |
| una chiave | key |
| una cornice | frame |
| un cuscino | cushion |
| una fotografia | photograph |
| una lampada | lamp |
| una lampada a stelo | standard lamp |
| un lampadario | chandelier |
| una lampadina | bulb |
| il lavandino | sink |
| una maniglia | door handle, doorknob |
| la moquette *(inv)* | (fitted) carpet |
| la pattumiera | bin |
| una piastrella | tile |
| un portacenere *(inv)* | ashtray |
| un portaombrelli *(inv)* | umbrella stand |
| un portariviste *(inv)* | magazine rack |
| un poster *(inv)* | poster |
| un quadro | picture |
| il riscaldamento centrale | central heating |
| un rubinetto | tap |
| la scala | ladder |
| un soprammobile | ornament |
| uno specchio | mirror |
| una spina | plug *(electric)* |
| il tappetino da bagno | bathmat |
| un tappeto | rug |
| un tappo | plug *(bath)* |
| un vaso | vase |
| lo zerbino | doormat |
| una radio *(inv)* | radio |
| un televisore portatile | portable television |
| uno stereo *(inv)* | stereo |
| un registratore a nastro/a cassette | tape/cassette recorder |
| un mangiacassette *(inv)* | portable cassette player |
| un giradischi *(inv)* | record player |
| un lettore di CD | CD player |
| un lettore DVD | DVD player |
| un disco | record |

| una cassetta | cassette |
| un compact disc *(inv)* | compact disc |
| un CD | CD |
| un DVD | DVD |
| una macchina da scrivere | typewriter |
| un computer *(inv)* | computer |
| un videoregistratore | video (recorder) |
| una videocassetta | video cassette |
| un word processor *(inv)* | word-processor |

## il giardino — the garden

| l'orto | vegetable garden |
| il prato | lawn |
| l'erba | grass |
| le erbacce | weeds |
| un'aiuola | flowerbed |
| una serra | greenhouse |
| i mobili da giardino | garden furniture |
| una sedia a sdraio | deckchair |
| un lettino (pieghevole) | lounger |
| una carriola | wheelbarrow |
| un tosaerba *(inv)* | lawnmower |
| un annaffiatoio | watering can |
| il barbecue *(inv)* | barbecue |
| il vialetto | path |
| il recinto | fence |
| il cancello | gate |

See also sections **17 HOUSEWORK** and **23 MY ROOM**.

# 25. LA CITTÀ
## THE CITY

| | |
|---|---|
| una cittadina | town |
| una città *(inv)* | city |
| un paese, un villaggio | village |
| la periferia | outskirts |
| i sobborghi | suburbs |
| un quartiere, un rione | district |
| i dintorni | surrounding area |
| la zona, l'area | area |
| un agglomerato (urbano) | built-up area |
| la zona industriale | industrial estate |
| una zona residenziale | residential district |
| il centro storico | old town |
| il centro | town/city centre |
| la casa dello studente | university halls of residence |
| una città dormitorio | dormitory town |
| i quartieri poveri | slums |
| i quartieri alti | smart districts |
| un viale | avenue, boulevard |
| un vicolo cieco | cul-de-sac |
| la circonvallazione | ring road |
| una piazza | piazza, square |
| una strada | road |
| una via | street |
| il corso | main street |
| un'isola pedonale | pedestrian precinct |
| un vicolo | alleyway |
| la carreggiata | roadway |
| il marciapiede | pavement |
| un posteggio, un parcheggio | car park |
| un parchimetro | parking meter |
| un sottopassaggio | underpass, subway |
| il lastricato | paving |
| la fognatura | sewers |
| un lampione | streetlamp |

| | |
|---|---|
| il parco | park |
| i giardini pubblici | public gardens |
| il cimitero | cemetery |
| un ponte | bridge |
| il porto | harbour |
| l'aeroporto | airport |
| la stazione (ferroviaria) | (railway) station |
| la stazione degli autobus | bus station |
| la metropolitana | underground |
| lo stadio | stadium |

## gli edifici buildings

| | |
|---|---|
| un edificio | building |
| un caseggiato | block (of flats) |
| il municipio, il comune | town hall |
| il tribunale | law courts |
| il centro di informazioni turistiche | tourist information office |
| un ufficio postale | post office |
| una banca | bank |
| una biblioteca | library |
| il commissariato (di polizia) | police station |
| la caserma dei carabinieri | police station |
| la questura | police headquarters |
| una scuola | school |
| una caserma | barracks |
| la caserma dei vigili del fuoco | fire station |
| una prigione | prison |
| una fabbrica | factory |
| un ospedale | hospital |
| una clinica | clinic |
| un centro culturale | arts centre |
| un centro sportivo | sports centre |
| un teatro | theatre |
| un cinema(tografo) | cinema |
| un museo | museum |
| una galleria d'arte | art gallery |
| un castello | castle |
| un palazzo | palace |
| una torre | tower |

| | |
|---|---|
| una cattedrale, un duomo | cathedral |
| una chiesa | church |
| una cappella | chapel |
| un campanile | steeple |
| una sinagoga | synagogue |
| una moschea | mosque |
| un monumento | monument |
| un monumento commemorativo | memorial |
| il monumento ai caduti | war memorial |
| una statua | statue |
| una fontana | fountain |

## la gente — people

| | |
|---|---|
| i cittadini | city dwellers |
| un/un'abitante | inhabitant |
| un/una passante | passer-by |
| i pedoni | pedestrians |
| un/una turista | tourist |

**abito alla periferia di Milano**
I live on the outskirts of Milan

**andiamo in città/in centro**
we're going to town

**fa il pendolare fra Pisa e Firenze**
he/she commutes between Pisa and Florence

See also sections **18 SHOPPING, 22 AN EVENING OUT, 26 CARS, 42 PUBLIC TRANSPORT, 46 GEOGRAPHICAL TERMS** and **65 DIRECTIONS.**

# 26. L'AUTOMOBILE
## CARS

| | |
|---|---|
| guidare | to drive |
| mettere in moto | to start up |
| rallentare | to slow down |
| frenare | to brake |
| accelerare | to accelerate |
| cambiar marcia | to change gear |
| fermarsi | to stop |
| parcheggiare | to park |
| sorpassare | to overtake |
| fare un'inversione a U | to do a U-turn |
| accendere i fari | to switch on one's lights |
| spegnere i fari | to switch off one's lights |
| lampeggiare | to flash one's headlights |
| abbagliare | to dazzle |
| attraversare | to cross, to go through |
| controllare | to check |
| | |
| dare la precedenza | to give way |
| avere la precedenza | to have right of way |
| suonare il clacson | to hoot |
| slittare | to skid |
| avere un guasto alla macchina | to break down |
| restare senza benzina | to run out of petrol |
| fare il pieno | to fill up |
| cambiare una ruota | to change a wheel |
| rimorchiare | to tow |
| riparare | to repair |
| commettere un'infrazione | to commit an offence |
| rispettare/oltrepassare il limite di velocità | to keep to/to break the speed limit |
| passare con il rosso | to jump a red light |
| non fermarsi allo stop | to ignore a stop sign |
| obbligatorio | compulsory |
| permesso, consentito | allowed |
| vietato | forbidden |

| i veicoli | vehicles |
|---|---|
| l'auto *(inv)*, l'automobile, la macchina | car |
| un'auto con il cambio automatico | automatic |
| un'auto usata | second-hand car |
| una vecchia carcassa | old banger |
| un'auto a due/cinque porte | two-/five-door car |
| una familiare | estate car |
| una berlina | saloon |
| un'automobile da corsa | racing car |
| un'auto sportiva | sports car |
| un'auto a trazione anteriore | front-wheel drive (car) |
| un'auto a quattro ruote motrici | four-wheel drive (car) |
| un'auto con la guida a destra | right-hand drive (car) |
| una decappottabile | convertible |
| la cilindrata | cc |
| la marca | make |
| un taxi *(inv)* | taxi |
| un autotreno, un camion *(inv)* | lorry |
| un autoarticolato | articulated lorry |
| un furgone | van |
| il carro attrezzi | breakdown lorry |
| una moto *(inv)*, una motocicletta | motorbike |
| un ciclomotore | moped |
| uno scooter *(inv)* | scooter |
| un camper *(inv)* | camper van |
| una roulotte *(inv)* | caravan |
| un rimorchio | trailer |

## gli utenti della strada

road users

| | |
|---|---|
| un/un'automobilista | motorist |
| un guidatore/una guidatrice | driver |
| un guidatore spericolato | reckless driver |
| un guidatore della domenica | Sunday driver |
| un passeggero/una passeggera | passenger |

| | |
|---|---|
| un/una tassista | taxi driver |
| un/una camionista | lorry driver |
| un/una motociclista | motorcyclist |
| un/una ciclista | cyclist |
| un/un'autostoppista | hitch-hiker |
| un/una pirata della strada | hit-and-run driver |
| un pedone/una pedona | pedestrian |

## le parti dell'auto — car parts

| | |
|---|---|
| gli abbaglianti | headlights on full beam |
| l'acceleratore (m) | accelerator |
| l'accensione (f) | ignition |
| l'ammortizzatore (m) | shock absorber |
| gli anabbaglianti | dipped headlights |
| l'aria | choke |
| l'autoradio (f inv) | car radio |
| il bagagliaio | boot |
| la batteria | battery |
| una candela | spark plug |
| il carburatore | carburettor |
| la carrozzeria | body |
| la cinghia del ventilatore | fan belt |
| la cintura di sicurezza | seat belt |
| il clacson (inv) | horn |
| il cofano | bonnet |
| il contachilometri (inv) | mileometer |
| il coprimozzo | hub cap |
| il cricco | jack |
| il cruscotto | dashboard |
| i fanali posteriori | rear lights |
| i fari | headlights, lights |
| i fari antinebbia | fog lamps |
| la fiancata | wing |
| il filtro | filter |
| il finestrino | window |
| la folle | neutral |
| i freni | brakes |
| il freno a mano | handbrake |
| la frizione | clutch |
| l'impianto elettrico | electrical system |

| | |
|---|---|
| il lampeggiatore | indicator |
| la leva del cambio | gear lever |
| le luci di posizione | sidelights |
| le marce | gears |
| il motore | engine |
| il motorino di avviamento | starter motor |
| il parabrezza *(inv)* | windscreen |
| il paraurti *(inv)* | bumper |
| il pedale | pedal |
| un pezzo di ricambio | spare part |
| il pneumatico | tyre |
| il portapacchi *(inv)* | roof rack |
| la portiera | door |
| la prima | first gear |
| le puntine | points |
| la quarta | fourth gear |
| la quinta | fifth gear, overdrive |
| il radiatore | radiator |
| la retromarcia | reverse |
| il riscaldamento | heating |
| la ruota | wheel |
| una ruota di scorta | spare wheel |
| la scatola del cambio | gearbox |
| la seconda | second gear |
| il sedile anteriore/posteriore | front/back seat |
| il serbatoio (della benzina) | petrol tank |
| la serratura | lock |
| la sospensione | suspension |
| lo specchietto retrovisore | (rearview) mirror |
| la spia dell'olio/della benzina | oil/petrol gauge |
| il tachimetro | speedometer |
| il tappo | petrol cap |
| la targa | number plate |
| il telaio | chassis |
| il tergicristallo | windscreen wiper |
| la terza | third gear |
| la trasmissione | transmission |
| il tubo di scappamento | exhaust |
| il volante | steering wheel |

| | |
|---|---|
| la benzina | petrol |
| la (benzina) normale | two-star (petrol) |
| la (benzina) super | four-star (petrol) |
| la benzina senza piombo | unleaded (petrol) |
| il carburante | fuel |
| la nafta | diesel |
| l'olio | oil |
| l'antigelo *(inv)* | antifreeze |
| i gas di scarico | exhaust fumes |

## le difficoltà — problems

| | |
|---|---|
| un garage *(inv)* | garage |
| un meccanico | car mechanic |
| la stazione di servizio | petrol station |
| il distributore di benzina | petrol pump |
| l'assicurazione *(f)* | insurance |
| la polizza di assicurazione | insurance policy |
| la patente (di guida) | driving licence |
| il libretto di circolazione | car registration book |
| la carta verde | green card |
| il bollo | road tax disc |
| il codice della strada | Highway Code |
| la velocità *(inv)* | speed |
| l'eccesso di velocità | speeding |
| un'infrazione | offence |
| la multa per divieto di sosta | parking ticket |
| la contravvenzione | fine |
| la precedenza | right of way |
| il cartello di divieto di sosta | no parking sign |
| una gomma a terra | flat tyre |
| un guasto al motore | breakdown |
| un imbottigliamento | traffic jam |
| una deviazione | diversion |
| lavori in corso | roadworks |
| il ghiaccio | black ice |
| la visibilità | visibility |

## la guida — driving along

| | |
|---|---|
| il traffico | traffic |
| una carta stradale | road map |
| la strada | road |

| una (strada) statale | main road |
| una (strada) provinciale | B road |
| l'autostrada | motorway |
| la corsia d'emergenza | hard shoulder |
| una strada a senso unico | one-way street |
| una corsia | lane |
| un cartello/un segnale stradale | road sign |
| lo stop *(inv)* | stop sign |
| il semaforo | traffic lights |
| il marciapiede | pavement |
| il passaggio pedonale | pedestrian crossing |
| la curva | bend |
| la banchina spartitraffico | central reservation |
| un incrocio | crossroads |
| il raccordo autostradale | motorway junction |
| un bivio | junction |
| una rotonda | roundabout |
| il pedaggio | toll |
| il casello (dell'autostrada) | toll station |
| un autogrill® *(inv)* | motorway café |
| l'area di servizio | service area |
| il passaggio a livello | level crossing |
| il parchimetro | parking meter |

**che macchina è? – è una Fiat®**
what make is it? – it's a Fiat®

**può controllare il livello dell'olio?**
could you check the oil?

**metti la terza!**
get into third gear!

**ha abbassato i fari**
he/she dipped his/her headlights

**andava a 110 (chilometri) all'ora**
he/she was doing 110 km/h

**in Italia si guida a destra**
in Italy, they drive on the right

**allacciate le cinture!**
fasten your seat belt!

**gli hanno ritirato la patente**
he lost his licence

**ho avuto l'esame di guida lunedì – l'hai passato?**
I sat my driving test on Monday – did you pass?

**guardi che ha sbagliato strada**
you've gone the wrong way

**ho esaurito la benzina**
I've run out of petrol

See also section **52 ACCIDENTS**.

# 27. LA NATURA
## NATURE

| | |
|---|---|
| crescere | to grow |
| fiorire | to flower |
| appassire | to wither away |
| abbaiare | to bark |
| miagolare | to mew |
| muggire | to moo |
| belare | to bleat |
| nitrire | to neigh |
| ruggire | to roar |

## il paesaggio — landscape

| | |
|---|---|
| un campo | field |
| un prato | meadow |
| una foresta | forest |
| un bosco | wood |
| uno spiazzo | clearing |
| un frutteto | orchard |
| la brughiera | moor |
| una palude | marsh |
| un deserto | desert |
| la giungla | jungle |

## le piante — plants

| | |
|---|---|
| una pianta | plant |
| un albero | tree |
| un arbusto | shrub |
| un cespuglio | bush |
| una radice | root |
| il tronco | trunk |
| un ramo | branch |
| un ramoscello | twig |
| un germoglio | shoot |
| un bocciolo | bud |
| un fiore | flower, blossom |

| | |
|---|---|
| la foglia | leaf |
| il fogliame | foliage |
| la corteccia | bark |
| una pigna | pine cone |
| una castagna d'India | horse chestnut |
| una ghianda | acorn |
| una bacca | berry |
| il trifoglio | clover |
| un fungo (commestibile) | (edible) mushroom |
| un fungo velenoso | toadstool |
| le felci | ferns |
| l'erba | grass |
| l'erica | heather |
| l'agrifoglio | holly |
| l'edera | ivy |
| il vischio | mistletoe |
| il muschio | moss |
| una canna | reed |
| la vite | vine |
| la vigna | vineyard |
| le erbacce | weeds |

## gli alberi — trees

| | |
|---|---|
| una conifera | conifer |
| un albero a foglie caduche | deciduous tree |
| un sempreverde | evergreen |
| un abete | fir tree |
| un acero | maple tree |
| una betulla | birch |
| un castagno | chestnut tree |
| un cedro | cedar |
| un cipresso | cypress |
| un faggio | beech |
| un frassino | ash tree |
| un ippocastano | horse chestnut tree |
| un noce | walnut tree |
| un olmo | elm |
| un pino | pine tree |
| un pioppo | poplar |
| un platano | plane tree |

| | |
|---|---|
| una quercia | oak |
| un salice piangente | weeping willow |
| un tasso | yew tree |

## gli alberi da frutto — fruit trees

| | |
|---|---|
| un albicocco | apricot tree |
| un arancio | orange tree |
| un ciliegio | cherry tree |
| un fico | fig tree |
| un limone | lemon tree |
| un mandorlo | almond tree |
| un melo | apple tree |
| un pero | pear tree |
| un pesco | peach tree |
| un susino | plum tree |

## i fiori — flowers

| | |
|---|---|
| i fiori selvatici | wild flowers |
| il gambo | stem |
| il petalo | petal |
| il polline | pollen |

| | |
|---|---|
| un anemone | anemone |
| il biancospino | hawthorn |
| un bucaneve *(inv)* | snowdrop |
| il caprifoglio | honeysuckle |
| un ciclamino | cyclamen |
| un crisantemo | chrysanthemum |
| una dalia | dahlia |
| un dente di leone | dandelion |
| un fiordaliso | cornflower |
| un garofano | carnation |
| un gelsomino | jasmine |
| un geranio | geranium |
| un giacinto | hyacinth |
| un giaggiolo | iris |
| un giglio | lily |
| un girasole | sunflower |
| un lillà *(inv)* | lilac |
| una margherita | daisy |
| la mimosa | mimosa |

| | |
|---|---|
| un mughetto | lily of the valley |
| un narciso | narcissus |
| un nontiscordardimé *(inv)* | forget-me-not |
| un'orchidea | orchid |
| un papavero | poppy |
| una petunia | petunia |
| i piselli odorosi | sweetpeas |
| una primula | primrose |
| un ranuncolo | buttercup |
| un rododendro | rhododendron |
| una rosa | rose |
| un trombone | daffodil |
| un tulipano | tulip |
| una violetta | violet |

## gli animali domestici — pets

| | |
|---|---|
| un cane/una cagna | dog/bitch |
| un criceto | hamster |
| un cucciolo | puppy |
| un gattino | kitten |
| un gatto | cat |
| un pesce rosso | goldfish |
| un porcellino d'India | guinea pig |

## gli animali della fattoria — farm animals

| | |
|---|---|
| un agnello | lamb |
| un'anatra | duck |
| un anatroccolo | duckling |
| un asino | donkey |
| un bue *(pl* i buoi) | ox |
| una capra/un caprone | nanny-/billy-goat |
| un capretto | kid |
| un cavallo/una cavalla | horse/mare |
| un gallo/una gallina | cock/hen |
| un maiale/una scrofa | pig/sow |
| un montone, un ariete | ram |
| una mucca | cow |
| un mulo | mule |
| un'oca | goose |

| una pecora | sheep, ewe |
| un pulcino | chick |
| un puledro | foal |
| un tacchino | turkey |
| un toro | bull |
| un vitello | calf |

## gli animali selvatici — wild animals

| un mammifero | mammal |
| un pesce | fish |
| un rettile | reptile |
| la zampa | leg, paw |
| il muso | snout *(of animal)*, muzzle |
| il grugno | snout *(of pig)* |
| la coda | tail |
| la proboscide | trunk |
| gli artigli | claws |

| un'antilope | antelope |
| una balena | whale |
| un bufalo | buffalo |
| un cammello | camel |
| un canguro | kangaroo |
| un castoro | beaver |
| un cervo | stag |
| un cinghiale | wild boar |
| un coniglio | rabbit |
| un daino | deer |
| un delfino | dolphin |
| una donnola | weasel |
| un dromedario | dromedary |
| un elefante | elephant |
| una faina | stone marten |
| una foca | seal |
| una gazzella | gazelle |
| una giraffa | giraffe |
| i girini | tadpoles |
| un ippopotamo | hippopotamus |
| un koala *(inv)* | koala bear |
| un leone/una leonessa | lion/lioness |
| un leopardo | leopard |

| | |
|---|---|
| una lepre | hare |
| un lupo | wolf |
| un orso | bear |
| un pescecane | shark |
| una rana | frog |
| un ratto | rat |
| un riccio | hedgehog |
| un rospo | toad |
| una scimmia | monkey |
| uno scoiattolo | squirrel |
| uno squalo | shark |
| una tartaruga | tortoise, turtle |
| una tigre | tiger |
| un topo | mouse |
| una volpe | fox |
| una zebra | zebra |

## i rettili — reptiles

| | |
|---|---|
| un coccodrillo | crocodile |
| un alligatore | alligator |
| una lucertola | lizard |
| un serpente | snake |
| una biscia | non-poisonous snake |
| un serpente a sonagli | rattlesnake |
| una vipera | adder |
| un cobra *(inv)* | cobra |
| un (serpente) boa *(inv)* | boa |

## gli uccelli — birds

| | |
|---|---|
| un uccello | bird |
| un uccello notturno | night hunter |
| un rapace | bird of prey |
| la zampa | foot |
| gli artigli | talons |
| l'ala | wing |
| il becco | beak |
| la piuma | feather |
| un airone | heron |
| un'allodola | lark |
| un'aquila | eagle |

| | |
|---|---|
| un avvoltoio | vulture |
| un canarino | canary |
| una cicogna | stork |
| un cigno | swan |
| una civetta | owl |
| una colomba | dove |
| un corvo | crow |
| un cucù *(inv)* | cuckoo |
| un fagiano | pheasant |
| un falco | falcon |
| un fenicottero | flamingo |
| un fringuello | chaffinch |
| un gabbiano | seagull |
| una gazza | magpie |
| un gufo | owl |
| un martin pescatore | kingfisher |
| un merlo | blackbird |
| un pappagallino | budgerigar, budgie |
| un pappagallo | parrot |
| un passero | sparrow |
| un pavone | peacock |
| un pettirosso | robin |
| un piccione | pigeon |
| un pinguino | penguin |
| una rondine | swallow |
| uno storno | starling |
| uno struzzo | ostrich |
| un usignolo | nightingale |

## gli insetti

## insects

| | |
|---|---|
| un'ape | bee |
| un bombo | bumblebee |
| un bruco | caterpillar |
| una cavalletta | grasshopper |
| una cicala | cicada |
| una coccinella | ladybird |
| una falena | moth |
| una farfalla | butterfly |
| una formica | ant |
| un grillo | cricket |

| una libellula | dragonfly |
| una mosca | fly |
| un moscerino | midge |
| una pulce | flea |
| un ragno | spider |
| uno scarafaggio | cockroach |
| un tarlo | woodworm |
| una tarma | clothes moth |
| una vespa | wasp |
| una zanzara | mosquito |

See also sections **45 AT THE SEASIDE** and **46 GEOGRAPHICAL TERMS**.

# 28. CHE TEMPO FA?
## WHAT'S THE WEATHER LIKE?

| | |
|---|---|
| piovere | to rain |
| piovigginare | to drizzle |
| nevicare | to snow |
| gelare | to be freezing, to freeze (over) |
| ghiacciare | to freeze (over) |
| grandinare | to hail |
| soffiare | to blow |
| splendere | to shine |
| sciogliersi | to melt |
| peggiorare | to get worse |
| migliorare | to improve |
| cambiare | to change |
| schiarirsi | to clear up |
| | |
| coperto | overcast |
| nuvoloso | cloudy |
| sereno, limpido | clear |
| tempestoso | stormy |
| afoso | muggy |
| asciutto | dry |
| caldo | warm, hot |
| freddo | cold |
| mite | mild |
| bello | pleasant |
| brutto | bad |
| orrendo, spaventoso | awful |
| variabile | changeable |
| umido | damp |
| piovoso | rainy |
| | |
| al sole | in the sun |
| all'ombra | in the shade |
| | |
| il tempo | weather |
| la temperatura | temperature |
| la meteorologia | meteorology |
| le previsioni del tempo | weather forecast |

| | |
|---|---|
| il bollettino meteorologico | weather report |
| il clima | climate |
| l'atmosfera | atmosphere |
| la pressione atmosferica | atmospheric pressure |
| un miglioramento | improvement |
| un peggioramento | worsening |
| il termometro | thermometer |
| un grado | degree |
| il barometro | barometer |
| il cielo | sky |

## la pioggia — rain

| | |
|---|---|
| una goccia di pioggia | raindrop |
| un acquazzone | downpour, shower |
| un temporale | (thunder)storm |
| la grandine | hail |
| un chicco di grandine | hailstone |
| una nuvola | cloud |
| uno strato di nuvole | layer of cloud |
| la rugiada | dew |
| una pioggerella | drizzle |
| la nebbia | fog |
| la foschia | mist |
| una pozzanghera | puddle |
| un'alluvione | flood |
| un tuono | thunder |
| un fulmine | lightning |
| un lampo | (flash of) lightning |
| una schiarita | sunny interval |
| l'arcobaleno | rainbow |
| la rugiada | dew |
| l'umidità | humidity |

## il freddo — cold weather

| | |
|---|---|
| il nevischio | sleet |
| la neve | snow |
| un fiocco di neve | snowflake |
| una nevicata | snowfall |
| una tormenta (di neve) | snowstorm |
| una valanga | avalanche |

| | |
|---|---|
| una palla di neve | snowball |
| uno spazzaneve *(inv)* | snowplough |
| un pupazzo di neve | snowman |
| il gelo | frost |
| il disgelo | thaw |
| la brina | (hoar)frost |
| il ghiaccio | ice |

## il bel tempo — good weather

| | |
|---|---|
| il sole | sun |
| un raggio di sole | ray of sunshine |
| il caldo | heat |
| un'ondata di caldo | heatwave |
| la canicola | scorching heat |
| la siccità *(inv)* | drought |

## il vento — wind

| | |
|---|---|
| una corrente d'aria | draught |
| una folata di vento | gust of wind |
| la tramontana | North wind |
| la brezza | breeze |
| un uragano | hurricane |
| un tornado | tornado |
| una tempesta | storm |

**fa bel/brutto tempo**
the weather is good/bad

**ci sono trenta gradi all'ombra**
it's thirty degrees in the shade

**ci sono venti gradi sotto zero**
it's minus twenty

**piove (a catinelle)**
it's raining (cats and dogs)

**piove a dirotto**
it's pouring

**nevica**
it's snowing

**c'è il sole/la nebbia/il ghiaccio**
it's sunny/foggy/icy

**si gela in questa stanza!**
it's freezing in this room!

**sto morendo di caldo/di freddo**
I'm sweltering/freezing

**tira vento**
the wind's blowing

**splende il sole**
the sun's shining

**sta tuonando**
it's thundering

# 29. LA FAMIGLIA E GLI AMICI
## FAMILY AND FRIENDS

| la famiglia | the family |
|---|---|
| i genitori | parents |
| un/una parente | relative |
| la madre | mother |
| il padre | father |
| la mamma | mum |
| il papà, il babbo | dad |
| i figli | children *(sons and daughters)* |
| i bambini | children, kids, babies |
| un bambino | little boy, baby, child |
| una bambina | little girl, baby, child |
| il figlio unico/la figlia unica | only child |
| la figlia | daughter |
| il figlio | son |
| i figli adottivi | adopted children |
| i genitori adottivi | adoptive parents |
| la sorella | sister |
| la sorella gemella | twin sister |
| la sorellastra | half-sister |
| il fratellastro | half-brother |
| il fratello | brother |
| il fratello gemello | twin brother |
| la nonna | grandmother |
| il nonno | grandfather |
| i nonni | grandparents |
| i nipoti | grandchildren, nephews and nieces |
| la nipote | granddaughter, niece |
| il nipote | grandson, nephew |
| la bisnonna | great-grandmother |
| il bisnonno | great-grandfather |
| la moglie | wife |
| il marito | husband |
| la fidanzata | fiancée |
| il fidanzato | fiancé |

| | |
|---|---|
| la matrigna | stepmother |
| il patrigno | stepfather |
| la sorellastra | stepdaughter |
| il fratellastro | stepson |
| la suocera | mother-in-law |
| il suocero | father-in-law |
| il cognato | brother-in-law |
| la cognata | sister-in-law |
| la nuora | daughter-in-law |
| il genero | son-in-law |
| la zia | aunt |
| lo zio | uncle |
| il cugino/la cugina | cousin |
| la madrina (di battesimo) | godmother |
| il padrino (di battesimo) | godfather |
| la figlioccia | goddaughter |
| il figlioccio | godson |

## gli amici — friends

| | |
|---|---|
| un amico/un'amica | friend |
| un compagno/una compagna di scuola | schoolfriend |
| il ragazzo | boyfriend |
| la ragazza | girlfriend |
| il vicino/la vicina (di casa) | neighbour |
| un/una conoscente | acquaintance |
| un amico intimo/un'amica intima | close friend |

**hai fratelli (o sorelle)?**
have you got any brothers and sisters?

**non ho né fratelli né sorelle**
I have no brothers or sisters

**sono figlio unico/figlia unica**
I'm an only child

**mia madre aspetta un bambino**
my mother is expecting a baby

**tua sorella/cugina/zia mi è molto simpatica**
I like your sister/cousin/aunt very much

**sono il/la maggiore**
I am the oldest

**il mio fratello maggiore ha 17 anni**
my big brother is 17

**la mia sorella maggiore fa la parrucchiera**
my eldest sister is a hairdresser

**bado alla mia sorellina**
I'm looking after my little sister

**il mio fratellino minore/più piccolo si succhia il pollice**
my youngest brother sucks his thumb

**Patrizia è la mia migliore amica**
Patrizia is my best friend

**non sono parenti**
they are not related

**vanno molto d'accordo**
they get on well

See also section **8 IDENTITY.**

# 30. LA SCUOLA E L'ISTRUZIONE
## SCHOOL AND EDUCATION

| | |
|---|---|
| andare a scuola | to go to school |
| studiare | to study |
| imparare | to learn |
| insegnare | to teach |
| fare l'appello | to call the register |
| imparare a memoria | to learn by heart |
| fare i compiti | to do one's homework |
| recitare una poesia | to recite a poem |
| domandare | to ask |
| rispondere | to answer |
| suggerire | to whisper the answer |
| andare alla lavagna | to go to the blackboard |
| sapere | to know |
| correggere | to correct, to mark |
| prendere la sufficienza | to get a pass-mark |
| ripassare | to revise |
| fare un esame | to sit an exam |
| essere promosso/a | to pass one's exams |
| essere bocciato/a | to fail an exam |
| imbrogliare | to cheat |
| ripetere (l'anno) | to repeat a year |
| espellere | to expel |
| sospendere | to suspend |
| punire | to punish |
| marinare la scuola | to play truant |
| saltare (una lezione) | to skive |
| | |
| assente | absent |
| brillante | brilliant |
| capace | able |
| diligente | hard-working |
| distratto | inattentive |
| indisciplinato | undisciplined |
| intelligente | clever |
| presente | present |

| | |
|---|---|
| studioso | studious |
| l'asilo nido | crèche |
| l'asilo | nursery school |
| la scuola elementare | primary school |
| la scuola media inferiore | secondary school *(10-13)* |
| la scuola media superiore | secondary school *(13-18)* |
| un istituto tecnico | technical college |
| un collegio | boarding school |
| la scuola statale | state school |
| la scuola privata | private school, public school |
| una scuola serale | night school |
| l'università *(f inv)* | university |

## a scuola

## at school

| | |
|---|---|
| una classe, un'aula | classroom |
| la direzione | headmaster's office *(primary school)* |
| la presidenza | headmaster's office *(secondary school)* |
| la biblioteca | library |
| il laboratorio | laboratory |
| il laboratorio linguistico | language lab |
| il refettorio | dining hall |
| la palestra | gym |
| l'aula magna | main hall |

## la classe

## the classroom

| | |
|---|---|
| un banco | desk |
| la cattedra | teacher's desk |
| un tavolo | table |
| una sedia | chair |
| un armadietto | locker, cupboard |
| la lavagna | blackboard |
| il gesso | chalk |
| il cancellino | duster |
| una cartella | school-bag |
| un quaderno | exercise book |
| un libro | book |
| un dizionario | dictionary |
| un astuccio | pencil case |

| | |
|---|---|
| una penna a sfera | ballpoint pen |
| una biro® *(inv)* | biro |
| una (penna) stilografica | (fountain) pen |
| una matita | pencil |
| un pennarello® | felt-tip pen |
| un temperamatite *(inv)* | pencil sharpener |
| una gomma | rubber |
| un foglio di carta | sheet of paper |
| un pennello | paintbrush |
| un tubetto di colori | (tube of) paint |
| le matite colorate | coloured pencils |
| la carta da disegno | drawing paper |
| un righello | ruler |
| un compasso | pair of compasses |
| un goniometro | protractor |
| una squadra | set-square |
| un calcolatore | pocket calculator |
| un computer *(inv)* | computer |

## la ginnastica — PE

| | |
|---|---|
| gli anelli | rings |
| la fune | rope |
| le parallele | parallel bars |
| il cavallo | horse |
| il trampolino | trampoline |
| la rete | net |
| la palla, il pallone | ball |

## gli insegnanti e gli allievi — teachers and pupils

| | |
|---|---|
| un maestro/una maestra | primary school teacher |
| un/un'insegnante | teacher |
| il direttore/la direttrice | headmaster/headmistress *(primary school)* |
| il/la preside | headmaster/headmistress *(secondary school)* |
| un professore/una professoressa | teacher *(secondary school)*, professor |
| l'insegnante *(mf)* di italiano | Italian teacher |

| | |
|---|---|
| un allievo/un'allieva | pupil |
| un alunno/un'alunna | pupil |
| uno scolaro/una scolara | schoolboy/girl |
| uno studente/una studentessa | student, secondary school pupil |
| un/una collegiale | boarder |
| un esterno/un'esterna | day-pupil |
| un asino/un'asina | dunce |
| il primo/l'ultimo della classe | top/bottom of the class |
| un buon/pessimo allievo | good/bad pupil |
| un compagno/una compagna di scuola | schoolfriend |

## l'insegnamento

## teaching

| | |
|---|---|
| il trimestre | term |
| l'orario | timetable |
| una materia | subject |
| una lezione | lesson, class |
| il programma (scolastico) | syllabus |
| una giustificazione | excuse note |
| la condotta | behaviour |
| un corso | course, class |
| una lezione di italiano | Italian class |
| il vocabolario | vocabulary |
| la grammatica | grammar |
| una regola di grammatica | grammatical rule |
| la coniugazione | conjugation |
| l'ortografia | spelling |
| la scrittura | writing |
| la lettura | reading |
| una poesia | poem |
| la matematica | maths |
| l'algebra | algebra |
| l'aritmetica | arithmetic |
| la geometria | geometry |
| un'addizione | sum |
| una sottrazione | subtraction |
| una moltiplicazione | multiplication |
| una divisione | division |
| un'equazione | equation |

143

| | |
|---|---|
| un problema | problem |
| un cerchio | circle |
| un triangolo | triangle |
| un quadrato | square |
| un rettangolo | rectangle |
| un angolo | angle |
| l'angolo retto | right angle |
| l'area, la superficie | surface |
| il volume | volume |
| il cubo | cube |
| il diametro | diameter |
| la storia | history |
| la geografia | geography |
| le scienze (naturali) | science |
| la biologia | biology |
| la chimica | chemistry |
| la fisica | physics |
| l'informatica | computer studies |
| le lingue | languages |
| l'italiano | Italian |
| il francese | French |
| il tedesco | German |
| lo spagnolo | Spanish |
| la filosofia | philosophy |
| un tema | essay, composition |
| una relazione | essay, dissertation |
| una traduzione | translation |
| la musica | music |
| il disegno | drawing, art |
| le applicazioni tecniche | handicrafts |
| l'educazione fisica, la ginnastica | physical education |
| i compiti | homework |
| un esercizio | exercise |
| una domanda | question |
| una risposta | answer |
| una prova scritta | written test |
| una prova orale, un'interrogazione | oral test |

| | |
|---|---|
| un esame | exam(ination) |
| uno sbaglio, un errore | mistake |
| un bel/brutto voto | good/bad mark |
| un risultato | result |
| la sufficienza | pass mark |
| la pagella | report |
| un premio | prize |
| una borsa di studio | scholarship |
| un certificato | certificate |
| un diploma | diploma |
| la maturità *(inv)* | A level *(equiv)* |
| la laurea | degree |
| la disciplina | discipline |
| una punizione | punishment |
| l'intervallo | break |
| il campanello | bell |
| le vacanze scolastiche | school holidays |
| le vacanze di Natale | Christmas holidays |
| le vacanze di Pasqua | Easter holidays |
| l'inizio dell'anno scolastico | beginning of school year |

**è suonato il campanello**
the bell has gone

**non ho consegnato in tempo**
I didn't hand in my work on time

# 31. I SOLDI
## MONEY

| | |
|---|---|
| comperare, comprare | to buy |
| vendere | to sell |
| spendere | to spend |
| farsi prestare (da) | to borrow (from) |
| prestare (a) | to lend (to) |
| dovere (a) | to owe |
| pagare | to pay |
| pagare con un assegno | to pay by cheque |
| pagare in contanti/a rate | to pay cash/by instalments |
| restituire i soldi (a) | to pay back |
| rimborsare | to reimburse |
| cambiare | to change |
| riscuotere un assegno | to cash a cheque |
| comprare a credito | to buy on credit |
| accreditare | to credit |
| fare credito | to give credit |
| prelevare dei soldi | to withdraw money |
| versare dei soldi | to pay in money |
| risparmiare | to save money |
| fare i propri conti | to do one's accounts |
| essere in rosso | to be in the red |
| | |
| ricco | rich |
| povero | poor |
| al verde | broke |
| miliardario | millionaire *(equiv)* |
| | |
| i soldi, il denaro | money |
| una moneta | coin |
| una banconota | banknote |
| i contanti | cash |
| gli spiccioli | change *(coins)* |
| il resto | change *(money returned)* |
| un borsellino | purse |
| un portafoglio | wallet |

| | |
|---|---|
| i risparmi | savings |
| una spesa | expense |
| la banca | bank |
| la cassa di risparmio | savings bank |
| un cambiavalute *(inv)* | foreign exchange office |
| il tasso di cambio | exchange rate |
| la cassa | till, cash desk |
| lo sportello | counter |
| lo sportello automatico | cash dispenser |
| un conto in banca | bank account |
| un conto corrente | current account |
| un conto corrente postale | Giro account |
| un conto di risparmio | savings account |
| un prelievo | withdrawal |
| un versamento (bancario) | bank payment |
| un postagiro | postal giro |
| un deposito bancario | deposit account |
| un trasferimento bancario | transfer |
| un direttore di banca | bank manager |
| un impiegato di banca | bank clerk |
| la carta di credito | credit card |
| la carta assegni | cheque card |
| un assegno | cheque |
| il libretto degli assegni | cheque book |
| un traveller's cheque *(inv)* | traveller's cheque |
| un eurocheque *(inv)* | Eurocheque |
| un modulo | form |
| un vaglia *(inv)* postale | postal order |
| il credito | credit |
| il debito | debt |
| il prestito | loan |
| gli interessi | interest |
| l'estratto conto | bank statement |
| il mutuo | mortgage |
| la valuta | currency |
| la Borsa | Stock Exchange |
| un'azione | share |
| l'inflazione *(f)* | inflation |
| il costo della vita | cost of living |

| | |
|---|---|
| la tassa, l'imposta | tax |
| l'IVA *(f)* | VAT |
| il bilancio | budget |
| l'euro | euro |
| il cent | cent |
| il franco | franc |
| il marco | mark |
| la lira | lira |
| la (lira) sterlina | pound sterling |
| un penny *(inv)* | pence |
| il dollaro | dollar |

**un biglietto/una banconota da 10 euro**
a 10-euro note

**vorrei cambiare 500 dollari in sterline**
I'd like to change 500 dollars into pounds

**sto risparmiando per comprarmi una moto**
I'm saving up to buy a motorbike

**ho uno scoperto di 1000 euro**
I have an overdraft of 1000 euros

**gli devo 10 euro**
I owe him 10 euros

**mi sono fatto/a prestare 10.000 lire da mio padre**
I borrowed 10,000 lire from my father

**puoi farmi un prestito?**
can I borrow some money from you?

**sono al verde**
I'm broke

**faccio fatica a sbarcare il lunario**
I find it hard to make ends meet

See also sections **10 WORK AND JOBS** and **18 SHOPPING**.

# 32. GLI ARGOMENTI DI ATTUALITÀ
## TOPICAL ISSUES

| | |
|---|---|
| discutere (di) | to discuss, to argue |
| polemizzare (su) | to argue (about) |
| protestare | to protest |
| litigare | to argue, to quarrel |
| criticare | to criticize |
| difendere | to defend *(an opinion)* |
| sostenere | to maintain, to uphold |
| persuadere, convincere | to persuade |
| valutare | to weigh (up) |
| pensare | to think |
| credere | to believe |
| | |
| per | for |
| contro | against |
| favorevole a | in favour of |
| contrario a | opposed to |
| intollerante | intolerant |
| di larghe vedute | broad-minded |
| | |
| un argomento | topic, subject |
| un problema | problem |
| un litigio | argument *(quarrel)* |
| una dimostrazione | demonstration |
| | |
| la società *(inv)* | society |
| i pregiudizi | prejudice |
| la morale | morals |
| la mentalità *(inv)* | mentality |
| | |
| l'ambiente | environment |
| la tutela dell'ambiente | conservation |
| la specie in via d'estinzione *(inv)* | endangered species |
| | |
| la pioggia acida | acid rain |
| l'effetto serra | greenhouse effect |
| gas serra | greenhouse gases |
| il riscaldamento globale | global warming |
| lo strato di ozono | ozone layer |

| | |
|---|---|
| il riciclaggio | recycling |
| i prodotti biologici | organic products |
| gli alimenti geneticamente modificati | genetically modified food |
| la pace | peace |
| la guerra | war |
| la povertà *(inv)* | poverty |
| la disoccupazione | unemployment |
| la violenza | violence |
| la criminalità *(inv)* | crime |
| la corruzione | corruption |
| la contraccezione | contraception |
| l'aborto | abortion |
| l'eutanasia | euthanasia |
| la mucca pazza | mad cow disease |
| la CJD | CJD |
| l'Aids *(mf)* | AIDS |
| l'uguaglianza, la parità | equality |
| la prostituzione | prostitution |
| il razzismo | racism |
| il terrorismo | terrorism |
| un uomo/una donna di colore, un nero/una nera | black person |
| un immigrato/un'immigrata | immigrant |
| un rifugiato/una rifugiata | political refugee |
| l'asilo politico | political asylum |
| l'alcol *(m inv)* | alcohol |
| un/un'alcolista | alcoholic |
| il tabacco | tobacco, smoking |
| il tabagismo | smoking |
| il tabagismo passivo | passive smoking |
| la droga | drugs |
| la tossicodipendenza | drug addiction |
| l'hascisc *(m inv)* | hashish |
| la cocaina | cocaine |
| l'eroina | heroin |
| l'estasi *(f inv)* | ecstasy |
| il traffico della droga | drug trafficking |
| un/una trafficante (di droga) | dealer |

| | |
|---|---|
| **la clonazione** | cloning |
| **il clone** | clone |

**sono/non sono d'accordo con te**
I agree/don't agree with you

**penso che tu abbia ragione/torto**
I think you're right/wrong

# 33. LA POLITICA
## POLITICS

| | |
|---|---|
| governare | to govern, to rule |
| regnare | to reign |
| organizzare | to organize |
| manifestare | to demonstrate |
| andare alle urne | to go to the polls |
| eleggere | to elect |
| votare (per/contro) | to vote (for/against) |
| reprimere | to repress |
| abolire | to abolish |
| sopprimere | to do away with |
| imporre | to impose |
| legalizzare | to legalize |
| nazionalizzare | to nationalize |
| privatizzare | to privatize |
| internazionale | international |
| nazionale, statale | national |
| nazionalista | nationalist |
| politico | political |
| governativo, statale | governmental |
| democratico | democratic |
| conservatore | conservative |
| liberale | liberal |
| laburista | labour |
| radicale | radical |
| repubblicano | republican |
| socialdemocratico | social democrat |
| democristiano | Christian democrat |
| socialista | socialist |
| comunista | communist |
| marxista | Marxist |
| fascista | fascist |
| anarchico | anarchist |
| capitalista | capitalist |
| estremista | extremist |

| | |
|---|---|
| verde | green |
| di destra | right-wing |
| di sinistra | left-wing |
| centrista | centre |
| moderato | moderate |
| | |
| una nazione | nation |
| un paese | country |
| uno stato | state |
| una repubblica | republic |
| una monarchia | monarchy |
| la patria | native land |
| | |
| il governo | government |
| il parlamento | parliament |
| il consiglio dei ministri | Cabinet *(equiv)* |
| il presidente del consiglio (dei ministri) | Prime Minister *(equiv)* |
| la costituzione | constitution |
| il presidente della repubblica | Head of State *(Italy)* |
| un ministro | minister |
| il ministro degli Esteri | Foreign Secretary |
| il ministro dell'Interno | Home Secretary |
| un deputato/una deputata | MP |
| un senatore/una senatrice | senator |
| un politico | politician |
| | |
| la politica | politics |
| la diplomazia | diplomacy |
| le elezioni | elections |
| un partito politico | political party |
| la destra | right |
| la sinistra | left |
| il diritto al/di voto | right to vote |
| il collegio elettorale | constituency |
| la scheda elettorale | ballot paper |
| l'urna | ballot box |
| un candidato/una candidata | candidate |
| la campagna elettorale | election campaign |
| un sondaggio d'opinione | opinion poll |
| un cittadino/una cittadina | citizen |

| | |
|---|---|
| i negoziati | negotiations |
| un dibattito | debate |
| una legge | law |
| | |
| una crisi *(inv)* | crisis |
| una dimostrazione | demonstration |
| un colpo di stato | coup |
| una rivoluzione | revolution |
| i diritti umani | human rights |
| la dittatura | dictatorship |
| | |
| un'ideologia | ideology |
| la democrazia | democracy |
| il socialismo | socialism |
| il comunismo | communism |
| il fascismo | fascism |
| il capitalismo | capitalism |
| il pacifismo | pacifism |
| la neutralità | neutrality |
| l'unità | unity |
| la libertà | freedom |
| la gloria | glory |
| l'opinione pubblica | public opinion |
| | |
| la nobiltà | nobility |
| l'aristocrazia | aristocracy |
| la borghesia | middle classes |
| la classe operaia | working class |
| il popolo | the people |
| il re *(inv)*/la regina | king/queen |
| l'imperatore/l'imperatrice | emperor/empress |
| il principe/la principessa | prince/princess |
| | |
| l'ONU *(f)* | UN |
| le Nazioni Unite | United Nations |
| l'UE *(f)* | EU |
| l'Unione europea *(f)* | European Union |
| la NATO | NATO |

# 34. COMUNICARE CON GLI ALTRI
## COMMUNICATING

| | |
|---|---|
| dire | to say, to tell |
| parlare | to talk, to speak |
| ripetere | to repeat |
| chiacchierare | to chat |
| aggiungere | to add . |
| dichiarare | to declare |
| affermare | to maintain |
| fare una dichiarazione | to make a statement |
| esprimere | to express |
| insistere | to insist |
| pretendere | to claim, to demand |
| conversare (con) | to converse (with) |
| informare | to inform |
| indicare | to indicate |
| accennare, menzionare | to mention |
| promettere | to promise |
| gridare | to shout |
| urlare | to yell |
| strillare | to shriek |
| sussurrare | to whisper |
| mormorare | to murmur |
| borbottare | to mumble |
| balbettare | to stammer |
| arrabbiarsi | to get worked up |
| rispondere | to reply |
| ribattere | to retort |
| litigare | to argue, to quarrel |
| discutere | to discuss |
| supporre | to assume |
| persuadere | to persuade |
| convincere | to convince |
| influenzare | to influence |
| (dis)approvare | to (dis)approve |
| essere d'accordo (con) | to agree (with) |

| | |
|---|---|
| contraddire | to contradict |
| contestare | to contest |
| obiettare | to object |
| confutare | to refute |
| esagerare | to exaggerate |
| sottolineare | to emphasize |
| predire | to predict |
| prevedere | to foresee |
| confermare | to confirm |
| scusarsi | to apologize |
| fingere (di), far finta (di) | to pretend (to) |
| ingannare | to deceive |
| deludere | to disappoint |
| lusingare | to flatter |
| criticare | to criticize |
| calunniare | to slander |
| negare | to deny |
| ammettere | to admit |
| confessare | to confess |
| riconoscere | to recognize |
| spiegare | to explain |
| gesticolare | to gesticulate |
| dubitare | to doubt |
| pettegolare | to gossip |
| | |
| convinto | convinced |
| convincente | convincing |
| | |
| una conversazione | conversation |
| una discussione | discussion |
| un dialogo | dialogue |
| un'intervista | interview *(with journalist)* |
| un colloquio | (job) interview |
| un monologo | monologue |
| un discorso | speech |
| una conferenza | lecture |
| un dibattito | debate |
| un congresso | conference |
| una dichiarazione | statement |
| una parola | word |
| i pettegolezzi | gossip |
| un'opinione | opinion |

| | |
|---|---|
| un'idea | idea |
| un punto di vista | point of view |
| un litigio | argument, quarrel |
| un argomento | subject, topic |
| un malinteso | misunderstanding |
| un accordo | agreement |
| un disaccordo | disagreement |
| un'allusione | allusion |
| un'insinuazione | insinuation |
| una critica | criticism |
| un'obiezione | objection |
| una confessione | confession |
| un microfono | microphone |
| un megafono | megaphone |
| francamente | frankly |
| generalmente | generally |
| naturalmente | naturally, of course |
| assolutamente | absolutely |
| davvero, proprio | really |
| completamente | entirely |
| può darsi, forse, magari | maybe, perhaps |
| indubbiamente, senza dubbio | undoubtedly |
| ma, però | but |
| comunque | however |
| o, oppure | or |
| e | and |
| perché | because |
| perciò, quindi | therefore |
| grazie a | thanks to |
| malgrado, nonostante | despite |
| a parte, eccetto | except |
| senza | without |
| con | with |
| quasi | almost |
| se | if |

ah, davvero?
is it?/do they? *etc*

See also sections **32 TOPICAL ISSUES** and **36 THE PHONE**.

# 35. LA CORRISPONDENZA
## LETTER WRITING

| | |
|---|---|
| scrivere | to write |
| scribacchiare | to scribble |
| buttar giù | to jot down |
| descrivere | to describe |
| scrivere a macchina | to type |
| firmare | to sign |
| inviare, spedire | to send, to post |
| arrivare | to arrive |
| consegnare | to deliver |
| sigillare | to seal |
| mettere un francobollo su | to put a stamp on |
| affrancare | to frank |
| pesare | to weigh |
| imbucare, impostare | to post |
| rimandare, rispedire | to send back |
| inoltrare | to forward |
| contenere | to contain |
| tenersi in corrispondenza con | to correspond with |
| ricevere | to receive |
| rispondere | to reply |
| leggibile | legible |
| illeggibile | illegible |
| scritto a mano | handwritten |
| scritto a macchina | typed |
| (per) via aerea | by airmail |
| (per) espresso | by express post |
| (per) raccomandata | by registered mail |
| a giro di posta | by return mail |
| una lettera | letter |
| una mail | e-mail |
| un fax *(inv)* | fax |
| la posta | mail |
| la posta elettronica | e-mail |

| | |
|---|---|
| la carta da lettere | writing paper |
| la data | date |
| la firma | signature |
| la busta | envelope |
| l'indirizzo | address |
| il destinatario | addressee |
| il mittente | sender |
| il codice di avviamento postale, il CAP | postcode |
| il francobollo | stamp |
| la cassetta/la buca delle lettere | postbox |
| la levata | collection |
| l'ufficio postale | post office |
| la posta centrale | main post office |
| lo sportello | counter |
| l'affrancatura | postage |
| il timbro | rubber stamp, postmark |
| il fermo posta *(inv)* | poste restante |
| la casella postale | post office box |
| un pacco, un pacchetto | parcel |
| un telegramma | telegram, telemessage |
| una cartolina | postcard |
| la ricevuta di ritorno | acknowledgement of receipt |
| un modulo | form |
| un vaglia *(inv)* postale | postal order |
| il contenuto | contents |
| il postino | postman |
| il/la corrispondente | penfriend |
| la scrittura, la calligrafia | handwriting |
| la brutta (copia) | draft (copy) |
| la bella (copia) | fair copy |
| la penna | pen |
| la matita | pencil |
| la penna stilografica | fountain pen |
| la macchina da scrivere | typewriter |
| il sistema di videoscrittura | word processor |
| il computer *(inv)* | computer |
| una nota | note |
| l'intestazione *(f)* | letterhead |
| il testo | text |

| una pagina | page |
| una paragrafo | paragraph |
| una frase | sentence |
| una riga | line |
| una parola | word |
| lo stile | style |
| un titolo | title |
| il margine | margin |
| un biglietto (di auguri) | (greetings/birthday) card |
| le condoglianze | condolences |
| una partecipazione | announcement card *(for weddings etc)* |
| una lettera d'amore | love letter |
| un reclamo | complaint |

**Gentile signore/signora**
Dear Sir/Madam

**Caro Alberto/Cara Chiara**
Dear Alberto/Chiara

**Spett(abile) ditta Rossi**
Messrs Rossi

**Accludo …**
Please find enclosed …

**Distinti/Cordiali saluti**
Yours faithfully/sincerely

**Cordialmente**
Kind regards

**con affetto**
love

**vorrei tre francobolli da 28 penny**
I'd like three 28-pence stamps

See also section **37 COMPUTERS AND THE INTERNET.**

# 36. IL TELEFONO
## THE TELEPHONE

| | |
|---|---|
| chiamare | to call |
| telefonare (a) | to (tele)phone, to ring |
| fare una telefonata | to make a phone call |
| dare un colpo di telefono a qualcuno | to give somebody a ring |
| sollevare il ricevitore | to lift the receiver |
| fare/comporre il numero | to dial the number |
| sbagliare numero | to dial a wrong number |
| riappendere | to hang up |
| richiamare | to call back |
| rispondere (a) | to answer |
| togliere la comunicazione a qualcuno | to cut somebody off |
| suonare, squillare | to ring |
| il telefono | phone |
| il ricevitore | earpiece |
| una segreteria telefonica | answering machine |
| la messaggeria vocale | voice mail |
| une scheda telefonica | phone card |
| il segnale di libero | dialling tone |
| l'elenco telefonico | phone book |
| le pagine gialle | Yellow Pages® |
| una cabina telefonica | phone box |
| una scheda telefonica | phone card |
| un gettone (telefonico) | token |
| una telefonata | phone call |
| una telefonata interurbana | long-distance call |
| una telefonata urbana | local call |
| il prefisso | dialling code |
| il numero | number |
| la linea | line |
| il numero sbagliato | wrong number |
| il servizio informazioni | directory enquiries |
| il centralino | telephone exchange |

| | |
|---|---|
| il/la centralinista | operator |
| il telefonino | mobile phone |
| il messaggio SMG | text message |
| occupato | engaged |
| guasto | out of order |

**ho telefonato a mia madre**
I phoned my mother

**il telefono sta suonando**
the phone's ringing

**chi parla?**
who's speaking?

**sono Gabriella**
it's Gabriella speaking

**pronto! sono Pietro**
hello, this is Pietro speaking

**vorrei parlare con Davide**
I'd like to speak to Davide

**sono io**
speaking

**attenda, prego, rimanga in linea**
hold on

**è occupato**
it's engaged

**mi dispiace, non c'è**
I'm sorry, he's/she's not in

**vuol lasciar detto qualcosa?**
would you like to leave a message?

**chi devo dire (che ha chiamato)?**
who shall I say called?

**mi scusi, ho sbagliato numero**
sorry, I've got the wrong number

See also section **37 COMPUTERS AND THE INTERNET.**

# 37. COMPUTER E INTERNET
## COMPUTERS AND THE INTERNET

| | |
|---|---|
| salvare | to save |
| cliccare | to click |
| stampare | to print |
| zippare | to zip |
| comprimere | to zip |
| decomprimere | to unzip |
| scaricare | to download |
| esplorare | to browse |
| scrivere una mail a | to e-mail *(person)* |
| mandare per email | to e-mail *(document)* |
| ospitare | to host |
| | |
| un computer | computer |
| un (computer) portatile | laptop (computer) |
| uno schermo | screen |
| un monitor | monitor |
| un programma | program |
| un mouse | mouse |
| un tappetino mouse | mouse mat |
| una tastiera | keyboard |
| un drive | drive |
| un documento | file |
| un allegato | attachment |
| un disco | disk |
| un hard disk | hard disk |
| un dischetto | floppy disk |
| il hardware | hardware |
| il software | software |
| una stampante | printer |
| un modem | modem |
| una mail | e-mail |
| un indirizzo email | e-mail address |
| una chiocciola | at-sign |
| l'Internet | Internet |
| la rete | Internet |

| | |
|---|---|
| il Web | Web |
| un navigatore | Internet user |
| un sito Web | Web site |
| una Webcam | Web cam |
| una pagina Web | Web page |
| un Webmaster | Webmaster |
| una webzine | webzine |
| un postmaster | postmaster |
| un URL | URL |
| una home page | home page |
| un provider d'accesso | access provider |
| un motore di ricerca | search engine |
| un segnalibro | bookmark |
| una visita | hit |
| un host | host |
| un collegamento ipertestuale | hyperlink |
| la netiquette | netiquette |
| online | online |

# 38. I SALUTI E LE FORMULE DI CORTESIA

## GREETINGS AND POLITE PHRASES

| | |
|---|---|
| salutare | to greet |
| presentare | to introduce |
| esprimere | to express |
| ringraziare | to thank |
| augurare | to wish |
| scusarsi | to apologize |
| | |
| buongiorno | good morning/afternoon |
| buona sera | good evening |
| buona notte | good night |
| ciao! | hello!, hi!, bye! |
| arrivederci | goodbye |
| addio | farewell |
| piacere (di conoscerla) | pleased to meet you |
| come stai/sta? | how are you? |
| come va? | how are things? |
| a presto | see you soon |
| a più tardi | see you later |
| a domani | see you tomorrow |
| buona giornata! | have a good day! |
| buon pomeriggio! | have a good afternoon! |
| buon appetito! | enjoy your meal! |
| buona fortuna! | good luck! |
| buon viaggio! | safe journey!, have a good trip! |
| benvenuto/a/i/e! | welcome! |
| scusa/scusi! | sorry! |
| scusa/scusi? | sorry? |
| mi dispiace | I'm sorry |
| attenzione! | watch out! |
| | |
| sì | yes |
| no | no |
| no grazie | no thanks |
| sì grazie | yes please |

| | |
|---|---|
| per piacere, per favore | please |
| grazie | thank you |
| molte grazie, grazie mille | thank you very much |
| prego | not at all |
| cin cin! | cheers! |
| salute! | bless you!, cheers! |
| d'accordo | OK |
| tanto meglio, meglio così | so much the better |
| tanto peggio | too bad |
| non importa!, pazienza! | never mind! |
| peccato! | what a pity! |

## le festività — festivities

| | |
|---|---|
| Buon Natale! | Merry Christmas! |
| Buon Anno! | Happy New Year! |
| tanti auguri! | best wishes! |
| Buona Pasqua! | Happy Easter! |
| buon compleanno! | happy birthday! |
| rallegramenti!, congratulazioni! | congratulations! |

**ti/le presento Angela Bellini**
may I introduce Angela Bellini?

**ti/le faccio i miei migliori auguri**
please accept my best wishes

**ti/le faccio le mie condoglianze**
please accept my condolences

**ti/le auguro buon compleanno**
may I wish you a happy birthday

**per me è lo stesso, non importa**
I don't mind

**di nulla!, è un piacere!**
it's a pleasure!

**mi dispiace (moltissimo)!**
I'm (terribly) sorry!

**mi scusi**
I beg your pardon

**mi scusi se la disturbo**
I'm sorry to bother you

**le/ti dà noia se fumo?**
do you mind if I smoke?

**scusi, può dirmi ...**
excuse me please, could you tell me ...?

**che peccato!**
what a pity!

**bravo/a!, complimenti!**
well done!

# 39. I PREPARATIVI PER LE VACANZE E LA DOGANA
## PLANNING A HOLIDAY AND CUSTOMS FORMALITIES

| | |
|---|---|
| prenotare | to book, to reserve |
| viaggiare | to travel |
| fare un viaggio | to go on a journey |
| noleggiare | to rent *(car, equipment)* |
| affittare | to rent *(house)* |
| confermare | to confirm |
| disdire | to cancel |
| informarsi (su) | to get information (about) |
| documentarsi (su) | to gather information (about) |
| preparare/fare le valigie | to pack (one's suitcases) |
| fare una lista | to make out a list |
| prendere | to take |
| portare | to carry, to take |
| dimenticare, dimenticarsi | to forget |
| procurarsi un'assicurazione | to take out insurance |
| rinnovare il passaporto | to renew one's passport |
| farsi vaccinare | to get vaccinated |
| | |
| ispezionare | to search |
| dichiarare | to declare |
| contrabbandare | to smuggle |
| controllare | to check |
| | |
| le vacanze | holidays |
| un'agenzia di viaggi | travel agent's |
| un ufficio di informazioni turistiche | tourist information centre |
| un dépliant *(inv)* | brochure, leaflet |
| un viaggio organizzato | package tour |
| i compagni di viaggio | fellow travellers |
| l'accompagnatore/ l'accompagnatrice | courier |

| | |
|---|---|
| la guida | guide |
| l'itinerario | itinerary |
| la crociera | cruise |
| la prenotazione | booking |
| la caparra | deposit |
| la lista | list |
| il bagaglio | luggage |
| una valigia | suitcase |
| una borsa da viaggio | travel bag |
| uno zaino | rucksack |
| un'etichetta | label |
| il beauty-case *(inv)* | vanity case |
| il passaporto | passport |
| la carta d'identità | identity card |
| il visto | visa |
| il biglietto | ticket |
| un traveller's cheque *(inv)* | traveller's cheque |
| un'assicurazione di viaggio | travel insurance |
| la dogana | customs |
| un doganiere | customs officer |
| la frontiera, il confine | border |
| in anticipo | in advance |

**niente/nulla da dichiarare**
nothing to declare

**dobbiamo confermare la prenotazione per lettera?**
should we confirm our booking in writing?

**non vedo l'ora di andare in vacanza**
I'm looking forward to going on holiday

See also sections **40 RAILWAYS, 41 FLYING, 42 PUBLIC TRANSPORT** and **43 AT THE HOTEL.**

# 40. LA FERROVIA
## RAILWAYS

| | |
|---|---|
| prenotare | to reserve, to book |
| prendere un treno | to catch a train |
| perdere un treno | to miss a train |
| cambiare | to change |
| scendere | to get off |
| salire | to get on/in |
| essere in ritardo | to be late |
| deragliare | to be derailed |
| | |
| in orario | on time |
| in ritardo | late |
| prenotato | reserved |
| occupato | taken, engaged |
| libero | free |
| fumatori | smoking, smoker |
| non fumatori | non-smoker, non-smoking |

## la stazione
## the station

| | |
|---|---|
| una stazione (ferroviaria) | (railway) station |
| le Ferrovie dello Stato | Italian railway company |
| le ferrovie | railways |
| la biglietteria | ticket office |
| la biglietteria automatica | ticket vending machine |
| l'ufficio informazioni | information |
| il tabellone (degli arrivi e delle partenze) | indicator board |
| la sala d'aspetto | waiting room |
| il buffet *(inv)* della stazione | station buffet |
| il deposito bagagli | left luggage (office) |
| un carrello | (luggage) trolley |
| il bagaglio, i bagagli | luggage |
| l'ufficio oggetti smarriti | lost property office |
| il/la capostazione | stationmaster |
| il/la capotreno | guard |
| il controllore | ticket collector |

| | |
|---|---|
| un ferroviere | railwayman |
| un passeggero/una passeggera | passenger |
| un facchino | porter |

## il treno

## the train

| | |
|---|---|
| un (treno) accelerato/locale | local train |
| un treno merci | freight train |
| un (treno) diretto | through train |
| un (treno) espresso | express train, fast train |
| un (treno) intercity *(inv)* | Intercity® train |
| un treno elettrico/diesel | electric/diesel train |
| un TEE *(inv)* | Trans-Europe-Express train |
| un locomotore | locomotive, engine |
| una locomotiva (a vapore) | steam engine |
| il vagone ristorante | dining car |
| una carrozza, una vettura | coach, carriage |
| un vagone letto | sleeper |
| la testa del treno | front of the train |
| la coda del treno | rear of the train |
| il vagone bagagliaio | luggage van |
| uno scompartimento | compartment |
| una cuccetta | couchette |
| il gabinetto, la toilette *(inv)* | toilet |
| lo sportello | door |
| il finestrino | window |
| un posto | seat |
| la reticella (portabagagli) | luggage rack |
| il segnale d'allarme | alarm |

## il viaggio

## the journey

| | |
|---|---|
| il marciapiede, la banchina | platform |
| il binario | track, platform |
| le rotaie, i binari | tracks |
| una linea (ferroviaria) | (railway) line |
| la rete (ferroviaria) | (railway) network |
| un passaggio a livello | level crossing |
| una galleria, un tunnel *(inv)* | tunnel |
| il tunnel sotto la Manica | Channel Tunnel |
| una fermata | stop |
| l'arrivo | arrival |

| | |
|---|---|
| la partenza | departure |
| la coincidenza | connection |

## i biglietti     tickets

| | |
|---|---|
| un biglietto | ticket |
| un (biglietto) ridotto | reduced rate |
| un adulto | adult |
| un biglietto di sola andata | single (ticket) |
| un biglietto di andata e ritorno | return (ticket) |
| la classe | class |
| la prima (classe) | first class |
| la seconda (classe) | second class |
| una tessera di abbonamento | railcard |
| una prenotazione | reservation |
| l'orario (ferroviario) | (railway) timetable |
| i giorni festivi | public holidays |
| i giorni feriali | weekdays |

**sono andato/a a Genova in treno**
I went to Genoa by train

**un biglietto solo andata per Bologna, per favore**
a single to Bologna, please

**un biglietto andata e ritorno per Milano, per favore**
a return ticket to Milan, please

**quando parte il prossimo/l'ultimo treno per Verona?**
when is the next/last train for Verona?

**il treno proveniente da Roma viaggia con venti minuti di ritardo**
the train arriving from Rome is twenty minutes late

**il treno proveniente da Torino è in arrivo al binario 11**
the train from Turin is arriving at platform 11

**devo cambiare treno?**
do I have to change?

**questo treno ferma a Mantova?**
does this train stop at Mantua?

**scusi, questo posto è libero/occupato?**
excuse me, is this seat free/taken?

**permesso(, vorrei passare)**
excuse me(, may I get by?)

**biglietti, prego!**
tickets, please!

**stavo per perdere il treno**
I nearly missed my train

**dovremo correre per prendere la coincidenza**
we'll have to run to catch the connection

**è venuto/a a prendermi alla stazione**
he/she came and picked me up at the station

**mi ha accompagnato alla stazione**
he/she took me to the station

**buon viaggio!**
have a good journey!

## 41. L'AEREO
### FLYING

| | |
|---|---|
| andare in aereo | to fly |
| fare il check-in | to check in |
| decollare | to take off |
| atterrare | to land |
| fare scalo | to make a stopover |

### all'aeroporto

### at the airport

| | |
|---|---|
| un aeroporto | airport |
| una pista | runway |
| una compagnia aerea | airline |
| l'ufficio informazioni | information |
| il check-in *(inv)* | check-in |
| il bagaglio a mano | hand luggage |
| il (negozio) duty free *(inv)* | duty-free shop |
| l'imbarco | boarding |
| la sala d'imbarco | departure lounge |
| la carta d'imbarco | boarding pass |
| l'uscita | gate |
| il ritiro bagagli | baggage reclaim |
| l'aerostazione *(f)* | air terminal |
| le scale mobili | escalator |
| il nastro trasportatore | conveyor belt, carousel |

### a bordo

### on board

| | |
|---|---|
| l'aereo | plane |
| un jet *(inv)* | jet, plane |
| un jumbo-jet *(inv)* | jumbo jet |
| un (volo/aereo) charter *(inv)* | charter (flight/plane) |
| l'ala | wing |
| il carrello | undercarriage |
| l'elica | propeller |
| il corridoio | aisle |
| il finestrino | window |
| la cintura di sicurezza | seat belt |

| l'uscita di sicurezza | emergency exit |
| un posto | seat |
| | |
| un volo (diretto) | (direct) flight |
| un volo nazionale | domestic flight |
| un volo internazionale | international flight |
| l'altitudine *(f)* | altitude |
| la velocità *(inv)* | speed |
| la partenza | departure |
| il decollo | take-off |
| l'arrivo | arrival |
| l'atterraggio | landing |
| un atterraggio di fortuna | emergency landing |
| uno scalo | stopover |
| il ritardo | delay |
| | |
| l'equipaggio | crew |
| il pilota | pilot |
| una hostess *(inv)* | stewardess |
| uno steward *(inv)* | steward |
| un passeggero/una passeggera | passenger |
| un dirottatore/una dirottatrice | hijacker |
| | |
| cancellato | cancelled |
| in ritardo | delayed |

vorrei un posto non fumatori
I'd like a non-smoking seat

'imbarco immediato, uscita numero 17'
'now boarding at gate number 17'

'allacciare le cinture di sicurezza'
'fasten your seat belt'

'vietato fumare'
'no smoking'

# 42. I TRASPORTI PUBBLICI
## PUBLIC TRANSPORT

| | |
|---|---|
| scendere (da) | to get off |
| salire (su) | to get on |
| aspettare | to wait (for) |
| arrivare | to arrive |
| cambiare | to change |
| fermarsi | to stop |
| affrettarsi | to hurry |
| perdere | to miss |
| non pagare il biglietto | to dodge the fare |
| mostrare il biglietto | to produce one's ticket |
| | |
| l'autobus *(m inv)* | bus |
| il tram *(inv)* | tram |
| il pullman *(inv)* | coach *(guided tours)* |
| la corriera | coach *(service between towns)* |
| la metropolitana, il metrò *(inv)* | underground, tube |
| un treno locale | local train |
| un traghetto | ferry |
| un battello, un vaporetto | passenger ferry |
| un taxi *(inv)* | taxi |
| | |
| un/una conducente, un/un'autista | driver |
| un/una tassista | taxi driver |
| un tranviere | tram driver |
| un controllore | inspector *(train)*, conductor *(bus)* |
| | |
| un/una pendolare | commuter |
| | |
| la stazione degli autobus | bus station |
| una stazione della metropolitana | underground station |
| la pensilina | bus shelter |
| una fermata dell'autobus | bus stop |
| il capolinea | terminus |
| la biglietteria | booking office |

| | |
|---|---|
| il distributore automatico (di biglietti) | ticket machine |
| la sala d'aspetto | waiting room |
| l'ufficio informazioni | enquiries |
| l'uscita | exit |
| la rete (dei trasporti) | network |
| la linea | line |
| la banchina | platform |
| la partenza | departure |
| la direzione | direction |
| la destinazione | destination |
| l'arrivo | arrival |
| un posto | seat |
| un biglietto | ticket |
| la tariffa | fare |
| un blocchetto di biglietti | book of tickets |
| una tessera di abbonamento | season ticket |
| un adulto | adult |
| un bambino | child |
| la prima classe | first class |
| la seconda classe | second class |
| una riduzione | reduction |
| un supplemento | excess fare |
| le ore di punta | rush hour |

**vado a scuola in autobus**
I go to school by bus

**che autobus devo prendere per andare al duomo?**
what bus will take me to the cathedral?

**dov'è la più vicina fermata della metropolitana?**
where is the nearest underground station?

**può dirmi quando devo scendere?**
will you tell me when to get off?

See also section **40 RAILWAYS**.

# 43. ALL'ALBERGO
## AT THE HOTEL

| | |
|---|---|
| completo | no vacancies |
| chiuso | closed |
| compreso | included |
| un albergo, un hotel *(inv)* | hotel |
| un motel *(inv)* | motel |
| una pensione | guest-house |
| una prenotazione | booking |
| la reception *(inv)* | reception |
| la pensione completa | full board |
| la mezza pensione | half board |
| l'alta/la bassa stagione | high/low season |
| il servizio | service |
| la mancia | tip |
| il conto | bill |
| un reclamo | complaint |
| il ristorante | restaurant |
| la sala da pranzo | dining room |
| il salone | lounge |
| l'atrio | entrance hall, lobby |
| il bar *(inv)* | bar |
| il posteggio | car park |
| l'ascensore *(m)* | lift |
| la (prima) colazione | breakfast |
| la (seconda) colazione, il pranzo | lunch |
| la cena | dinner |
| il direttore/la direttrice | manager |
| il/la receptionist *(inv)* | receptionist |
| il portiere (di notte) | (night) porter |
| una cameriera | chambermaid |

## la camera · the room

| | |
|---|---|
| una camera, una stanza | room |
| una camera singola | single room |

178

|  |  |
|---|---|
| una camera matrimoniale | double room |
| una camera a due letti | twin room |
| un letto | bed |
| un letto singolo | single bed |
| un letto matrimoniale | double bed |
| un lettino | cot |
| un bagno | bathroom |
| una doccia | shower |
| un lavandino | washbasin |
| l'acqua calda | hot water |
| la toilette *(inv)* | toilet |
| l'aria condizionata | air conditioning |
| l'uscita di sicurezza | emergency exit |
| la scala di sicurezza | fire escape |
| un balcone | balcony |
| la vista | view |
| la chiave | key |

**un albergo a due/tre stelle**
a two-/three-star hotel

**avete camere libere?**
have you got any vacancies?

**vorrei una camera singola/doppia**
I'd like a single/double room

**una stanza con bagno**
a room with a private bathroom

**una camera con vista sul mare**
a room with a sea view

**per quante notti?**
for how many nights?

**siamo al completo**
we're full

**vorrei essere svegliato/a alle sette**
could you give me a wake-up call at seven?

**c'è il servizio lavanderia?**
is there a laundry service?

**mi prepara il conto, per piacere?**
could you make up my bill, please?

**'non disturbare'**
'do not disturb'

# 44. IL CAMPEGGIO E GLI OSTELLI DELLA GIOVENTÙ
## CAMPSITES AND YOUTH HOSTELS

| | |
|---|---|
| andare in campeggio | to go camping |
| fare campeggio libero | to camp in the wild |
| viaggiare con la roulotte | to go caravanning |
| fare l'autostop | to hitch-hike |
| piantare la tenda | to pitch the tent |
| smontare la tenda | to take down the tent |
| dormire all'aperto | to sleep out in the open |
| | |
| il campeggio | camping, campsite |
| un campeggiatore/ una campeggiatrice | camper |
| un/un'autostoppista | hitch-hiker |
| l'attrezzatura da campeggio | camping equipment |
| una tenda | tent |
| un lettino da campo | camp bed |
| un tavolino/una sedia pieghevole | folding table/chair |
| un materassino gonfiabile | air mattress |
| la soprattenda | fly sheet |
| un picchetto | peg |
| un tirante | rope |
| il fuoco | fire |
| il falò *(inv)* | campfire |
| il fiammiferi | matches |
| il (gas) butano | butane gas |
| una bombola di gas | gas bottle |
| un fornello | stove, ring |
| un fornelletto a gas | gas stove |
| il ricambio | refill |
| una gamella | billy can |
| una borraccia | water bottle |
| un martello | hammer |
| un temperino | penknife |
| un secchio | bucket |

| | |
|---|---|
| un sacco a pelo | sleeping bag |
| una torcia | torch |
| una bussola | compass |
| i servizi igienici | toilet block |
| le docce | showers |
| i gabinetti | toilets |
| l'acqua potabile | drinking water |
| un bidone della spazzatura | rubbish bin |
| una zanzara | mosquito |
| un campeggio per roulotte | caravan site |
| una roulotte *(inv)* | caravan |
| un camper *(inv)* | camper van |
| un pulmino | caravanette |
| un rimorchio | trailer |
| un ostello della gioventù | youth hostel |
| il dormitorio | dormitory |
| la stanza dei giochi | games room |
| la tessera (d'appartenenza) | membership card |
| uno zaino | rucksack |
| l'autostop *(m inv)* | hitch-hiking |

**possiamo accamparci qui?**
may we camp here?

**abbiamo passato la giornata all'aria aperta**
we spent the day in the open air

**'divieto di campeggio'**
'no camping'

## 45. AL MARE
### AT THE SEASIDE

| | |
|---|---|
| nuotare, fare il bagno | to swim |
| galleggiare | to float |
| sguazzare | to splash about |
| tuffarsi | to dive |
| annegare | to drown |
| abbronzarsi | to get a tan |
| prendere il sole | to sunbathe |
| scottarsi | to get sunburnt |
| spellarsi | to peel |
| schizzare | to splash |
| avere il mal di mare | to be seasick |
| remare | to row |
| affondare | to sink |
| rovesciarsi, scuffiare | to capsize |
| imbarcarsi | to go on board, to embark |
| sbarcare | to disembark |
| gettare l'ancora | to drop anchor |
| salpare l'ancora | to weigh anchor |
| | |
| ombroso | shady *(place)* |
| soleggiato | sunny *(place)* |
| abbronzato | tanned |
| all'ombra | in the shade |
| al sole | in the sun |
| a bordo (di) | on board |
| al largo di | off the coast of |
| | |
| il mare | sea |
| il lago | lake |
| la spiaggia | beach |
| la riva | shore |
| la sponda | lakeside, river bank |
| la piscina | swimming pool |
| il trampolino | diving board |
| la piscina per bambini | paddling pool |
| una cabina | beach hut |

| | |
|---|---|
| la sabbia | sand |
| i ciottoli | shingle |
| uno scoglio | rock |
| una scogliera | cliff |
| il sale | salt |
| un'onda | wave |
| un cavallone | breaker, big wave |
| la alta/la bassa marea | high/low tide |
| la corrente | current |
| un gorgo | whirlpool |
| la costa | coast |
| il porto | harbour |
| il molo | quay, pier, jetty |
| il pontile | landing pier, jetty |
| la banchina | quayside |
| il lungomare | esplanade, promenade |
| il fondale (marino) | sea bed |
| il faro | lighthouse |
| l'orizzonte (m) | horizon |
| | |
| il bagnino/la bagnina | lifeguard |
| un istruttore/ un'istruttrice di nuoto | swimming instructor |
| un capitano | captain |
| un/una bagnante | bather |
| un nuotatore/una nuotatrice | swimmer |
| | |
| una conchiglia | shell |
| un pesce | fish |
| un granchio | crab |
| un pescecane, uno squalo | shark |
| un delfino | dolphin |
| un gabbiano | seagull |

## le imbarcazioni — boats

| | |
|---|---|
| una nave | ship |
| una barca (a motore) | (motor)boat |
| una barca a remi/a vela | rowing/sailing boat |
| un motoscafo | speedboat |
| un veliero | sailing ship |
| uno yacht (inv) | yacht |
| una nave di linea | liner |

| | |
|---|---|
| un traghetto | ferry |
| un gommone, un canotto | (rubber) dinghy |
| un moscone | pedalo |
| un remo | oar |
| una vela | sail |
| l'ancora | anchor |

## gli articoli da spiaggia — things for the beach

| | |
|---|---|
| un costume da bagno | swimsuit, trunks |
| i calzoncini da bagno | swimming trunks |
| lo slip *(inv)* | trunks |
| il bikini® *(inv)* | bikini |
| la cuffia da bagno | bathing cap |
| la maschera | mask |
| un respiratore (a tubo) | snorkel |
| le pinne | flippers |
| il salvagente | rubber ring |
| la boa | buoy |
| il materassino (gonfiabile) | air mattress, Lilo® |
| l'ombrellone *(m)* | beach umbrella |
| la sedia a sdraio | deckchair |
| l'asciugamano *(m)* | beach towel |
| gli occhiali da sole | sunglasses |
| l'olio solare | suntan oil |
| la crema solare | suntan lotion |
| la crema solare a protezione totale | sunblock |
| una scottatura | sunburn |
| la paletta | spade |
| il secchiello | bucket |
| un castello di sabbia | sandcastle |
| il Frisbee® *(inv)* | Frisbee® |
| la palla, il pallone | ball |

non so nuotare
I can't swim

'divieto di balneazione'
'no bathing'

185

# 46. I TERMINI GEOGRAFICI
## GEOGRAPHICAL TERMS

| | |
|---|---|
| la carta geografica | map |
| l'atlante (geografico) | atlas |
| un continente | continent |
| un paese | country |
| un paese in via di sviluppo | developing country |
| una regione | area |
| una provincia | district |
| una metropoli *(inv)* | metropolis, big city |
| una città *(inv)* | city, town |
| un paese | village |
| una capitale | capital city |
| | |
| una montagna | mountain |
| una catena montuosa | mountain range |
| una collina | hill |
| una scogliera | cliff |
| una vetta | summit, peak |
| un passo | pass |
| una valle | valley |
| la campagna | country, countryside |
| una pianura | plain |
| un altopiano | plateau |
| un ghiacciaio | glacier |
| un vulcano | volcano |
| | |
| il mare | sea |
| l'oceano | ocean |
| un lago | lake |
| uno stagno | pool, pond |
| una palude | marsh, swamp |
| una laguna | lagoon |
| un fiume | river |
| un ruscello | stream |
| un torrente | torrent, (mountain) stream |
| un canale | canal, channel |
| una sorgente | spring |

|  |  |
|---|---|
| la costa | coast |
| un'isola | island |
| una penisola | peninsula |
| un promontorio | promontory |
| una baia | bay |
| un golfo | gulf |
| un estuario | estuary |
| un delta *(inv)* | delta |
| un deserto | desert |
| una foresta | forest |
| un bosco | wood |
| la latitudine | latitude |
| la longitudine | longitude |
| l'altitudine *(f)* | altitude |
| la profondità *(inv)* | depth |
| la superficie | area |
| la popolazione | population |
| il mondo | world |
| l'universo | universe |
| i tropici | tropics |
| il polo Nord | North Pole |
| il polo Sud | South Pole |
| l'equatore *(m)* | Equator |
| un pianeta | planet |
| il sistema solare | solar system |
| la terra | earth |
| il sole | sun |
| la luna | moon |
| una stella | star |
| una costellazione | constellation |
| la via lattea | Milky Way |

**qual è la montagna più alta d'Europa?**
what is the highest mountain in Europe?

See also sections **27 NATURE**, **47 COUNTRIES** and **48 NATIONALITIES**.

# 47. I PAESI, I CONTINENTI, ECC.
## COUNTRIES, CONTINENTS ETC

| i paesi | countries |
|---|---|
| l'Albania | Albania |
| l'Algeria | Algeria |
| l'Arabia Saudita | Saudi Arabia |
| l'Argentina | Argentina |
| l'Australia | Australia |
| l'Austria | Austria |
| il Belgio | Belgium |
| la Bosnia | Bosnia |
| il Brasile | Brazil |
| la Bulgaria | Bulgaria |
| il Canada | Canada |
| il Cile | Chile |
| la Cina | China |
| la Città del Vaticano | Vatican City |
| la Croazia | Croatia |
| la Danimarca | Denmark |
| l'Egitto | Egypt |
| l'Eire *(f)* | Eire |
| l'Estonia | Estonia |
| la Finlandia | Finland |
| la Francia | France |
| il Galles | Wales |
| la Germania | Germany |
| il Giappone | Japan |
| la Gran Bretagna | Great Britain |
| la Grecia | Greece |
| la Groenlandia | Greenland |
| l'India | India |
| l'Inghilterra | England |
| l'Irlanda del Nord | Northern Ireland |
| l'Islanda | Iceland |
| l'Israele | Israel |
| l'Italia | Italy |

| | |
|---|---|
| la Jugoslavia | Yugoslavia |
| la Lettonia | latvia |
| la Libia | Libya |
| la Lituania | Lithuania |
| il Lussemburgo | Luxembourg |
| il Marocco | Morocco |
| il Messico | Mexico |
| la Norvegia | Norway |
| la Nuova Zelanda | New Zealand |
| l'Olanda | Holland |
| i Paesi Bassi | Netherlands |
| il Pakistan | Pakistan |
| la Palestina | Palestine |
| la Polonia | Poland |
| il Portogallo | Portugal |
| il Regno Unito | United Kingdom |
| la Repubblica Ceca | Czech Republic |
| la Repubblica Sudafricana | Republic of South Africa |
| la Romania | Romania |
| la Russia | Russia |
| San Marino | San Marino |
| la Scozia | Scotland |
| la Slovacchia | Slovakia |
| la Slovenia | Slovenia |
| la Spagna | Spain |
| gli Stati Uniti | United States |
| la Svezia | Sweden |
| la Svizzera | Switzerland |
| la Tunisia | Tunisia |
| la Turchia | Turkey |
| l'Ungheria | Hungary |
| l'Unione Sovietica | Soviet Union |
| gli USA | USA |

## i continenti

continents

| | |
|---|---|
| l'Africa | Africa |
| l'America | America |
| l'America del nord | North America |
| l'America del sud | South America |
| l'Asia | Asia |

| | |
|---|---|
| l'Australia | Australia |
| l'Europa | Europe |

## le città

cities

| | |
|---|---|
| Dublino | Dublin |
| Edimburgo | Edinburgh |
| Firenze | Florence |
| Genova | Genoa |
| Londra | London |
| Mantova | Mantua |
| Milano | Milan |
| Napoli | Naples |
| Roma | Rome |
| Torino | Turin |
| Venezia | Venice |

## le regioni

regions

| | |
|---|---|
| il terzo mondo | Third World |
| i paesi dell'est | Eastern Bloc countries |
| il Medio Oriente | Middle East |
| l'Estremo Oriente | Far East |
| la Lombardia | Lombardy |
| la Puglia | Apulia |
| il Piemonte | Piedmont |
| la Sardegna | Sardinia |
| la Sicilia | Sicily |
| la Toscana | Tuscany |
| il Veneto | Veneto |
| il Friuli-Venezia Giulia | Friuli-Venezia Giulia |
| il Trentino Alto Adige | Trentino Alto Adige |
| la Val d'Aosta | Valle d'Aosta |
| la Liguria | Liguria |
| l'Emilia Romagna | Emilia Romagna |
| la Basilicata | Basilicata |
| la Campania | Campania |
| l'Abruzzo | Abruzzo |
| il Molise | Molise |
| la Calabria | Calabria |
| le Marche | Marches |
| l'Umbria | Umbria |
| il Lazio | Lazio |

## mari, fiumi, isole e montagne

## seas, rivers, islands and mountains

| | |
|---|---|
| il (mar) Mediterraneo | Mediterranean (Sea) |
| il mare Adriatico | Adriatic Sea |
| il mar Tirreno | Tyrrhenian Sea |
| il mar Ionio | Ionian Sea |
| il mare del Nord | North Sea |
| l'oceano Atlantico | Atlantic Ocean |
| l'oceano Pacifico | Pacific Ocean |
| l'oceano Indiano | Indian Ocean |
| il canale della Manica | English Channel |
| il Tamigi | Thames |
| il Tevere | Tiber |
| il Po | Po |
| l'Arno | Arno |
| l'Elba | Elba |
| le Alpi | Alps |
| gli Appennini | Apennines |
| il monte Bianco | Mont Blanc |
| il lago di Garda | Lake Garda |

**ho passato le vacanze in Italia**
I spent my holidays in Italy

**l'Olanda è un paese pianeggiante**
Holland is a flat country

**mi piacerebbe andare in Cina**
I would like to go to China

**abito a Dover, in Inghilterra**
I live in Dover, in England

**vengono da Roma**
they come from Rome

See also section **48 NATIONALITIES.**

# 48. LE NAZIONALITÀ
NATIONALITIES

| i paesi | countries |
|---|---|
| straniero | foreign |
| albanese | Albanian |
| algerino | Algerian |
| americano | American |
| argentino | Argentinian |
| australiano | Australian |
| austriaco | Austrian |
| belga | Belgian |
| bosniaco | Bosnian |
| brasiliano | Brazilian |
| britannico | British |
| bulgaro | Bulgarian |
| canadese | Canadian |
| cileno | Chilean |
| cinese | Chinese |
| croato | Croatian |
| danese | Danish |
| egiziano | Egyptian |
| estone | Estonian |
| fiammingo | Flemish |
| finlandese | Finnish |
| francese | French |
| gallese | Welsh |
| giapponese | Japanese |
| indiano | Indian |
| greco | Greek |
| inglese | English |
| irlandese | Irish |
| islandese | Icelandic |
| israeliano | Israeli |
| italiano | Italian |
| lettone | Latvian |
| libico | Libyan |

| | |
|---|---|
| lituano | Lithuanian |
| lussemburghese | from Luxembourg |
| marocchino | Moroccan |
| messicano | Mexican |
| neozelandese | from New Zealand |
| norvegese | Norwegian |
| olandese | Dutch |
| pakistano | Pakistani |
| palestinese | Palestinian |
| polacco | Polish |
| portoghese | Portuguese |
| romeno | Romanian |
| russo | Russian |
| scandinavo | Scandinavian |
| scozzese | Scottish |
| slovacco | Slovak, Slovakian |
| sloveno | Slovenian |
| sovietico | Soviet |
| spagnolo | Spanish |
| sudafricano | South African |
| svedese | Swedish |
| svizzero | Swiss |
| tedesco | German |
| tunisino | Tunisian |
| turco | Turkish |
| ungherese | Hungarian |

## le regioni e le città    areas and cities

| | |
|---|---|
| orientale | Oriental |
| occidentale | Western |
| africano | African |
| asiatico | Asian |
| europeo | European |
| arabo | Arabic |
| | |
| parigino | Parisian |
| londinese | from London |
| fiorentino | Florentine |
| veneziano | Venetian |
| milanese | Milanese |

| | |
|---|---|
| romano | Roman |
| napoletano | Neapolitan |
| un inglese | Englishman |
| una inglese | Englishwoman |

**gli italiani bevono molta vino**
the Italians drink a lot of wine

**mi piace la cucina cinese**
I like Chinese food

# 49. LE LINGUE
## LANGUAGES

| | |
|---|---|
| imparare | to learn |
| imparare a memoria | to learn by heart |
| capire | to understand |
| scrivere | to write |
| leggere | to read |
| parlare | to speak |
| ripetere | to repeat |
| | |
| pronunciare | to pronounce |
| tradurre | to translate |
| migliorare | to improve |
| voler dire | to mean |
| | |
| il francese | French |
| l'inglese *(m)* | English |
| il tedesco | German |
| lo spagnolo | Spanish |
| il portoghese | Portuguese |
| l'italiano | Italian |
| il greco moderno | modern Greek |
| il greco antico | classical Greek |
| il latino | Latin |
| il russo | Russian |
| l'arabo | Arabic |
| il cinese | Chinese |
| il giapponese | Japanese |
| il gaelico | Gaelic |
| | |
| una lingua | language |
| un dialetto | dialect |
| la lingua materna | mother tongue |
| una lingua straniera | foreign language |
| le lingue moderne | modern languages |
| le lingue morte | dead languages |
| il vocabolario | vocabulary |

| | |
|---|---|
| **la grammatica** | grammar |
| **l'accento** | accent |

**non capisco**
I don't understand

**sto imparando l'inglese**
I am learning English

**parla lo spagnolo correntemente**
he/she speaks fluent Spanish

**parla l'inglese malissimo**
he/she speaks English very badly

**la sua lingua materna è l'inglese**
English is his/her native language

**tradurre in/dall'inglese**
translate into/from English

**scusi, può parlare più lentamente/meno velocemente?**
could you speak more slowly/less quickly, please?

**scusi, può ripetere?**
could you repeat that, please?

**Sergio è portato per le lingue**
Sergio is good at languages

See also section **48 NATIONALITIES**.

# 50. VACANZE IN ITALIA
## HOLIDAYS IN ITALY

| | |
|---|---|
| visitare | to visit |
| viaggiare | to travel |
| interessarsi di | to be interested in |
| ammirare | to admire |
| in vacanza | on holiday |
| celebre, famoso | famous |
| pittoresco | picturesque |

## il turismo — tourism

| | |
|---|---|
| le vacanze | holidays |
| un/una turista | tourist |
| uno straniero/una straniera | foreigner |
| l'ufficio turistico | tourist office |
| le attrattive | attractions |
| un piatto tipico | traditional dish |
| un costume tradizionale | traditional costume |
| i luoghi di interesse turistico | places of interest |
| una fiera | fair |
| una mostra | exhibition, show |
| le specialità | specialities |
| l'artigianato | crafts |
| una guida | guide, guidebook |
| un manuale di conversazione | phrase book |
| una pianta | map |
| una visita (guidata) | (guided) tour |
| un viaggio | journey, trip, tour |
| un itinerario | route, itinerary |
| una gita scolastica | school trip |
| un viaggio organizzato | package holiday |
| un'escursione | excursion |
| una gita in pullman | coach trip |
| un gruppo | group |
| una cupola | dome, cupola |
| un borgo medioevale | medieval village |

| | |
|---|---|
| il centro storico | the old town |
| una tenuta | estate |
| gli scavi | excavations |
| un'opera d'arte | work of art |
| un capolavoro | masterpiece |
| una pinacoteca | museum *(paintings)* |
| | |
| l'ambasciata | embassy |
| il consolato | consulate |
| l'ospitalità | hospitality |

## i simboli dell'Italia — symbols of Italy

| | |
|---|---|
| la Cappella Sistina di Michelangelo | The Sistine Chapel by Michelangelo |
| l'Ultima cena di Leonardo | The Last Supper by Leonardo |
| la Primavera di Botticelli | Spring by Botticelli |
| il Colosseo | Coliseum |
| il Campidoglio | Capitol |
| la scalinata di piazza di Spagna | Spanish Steps |
| Piazza san Pietro | St Peter's Square |
| il Palazzo Ducale | Doge's Palace |
| il Canal Grande | Grand Canal |
| la Ca' d'Oro | Ca' d'Oro |
| il ponte di Rialto | Rialto Bridge |
| il ponte dei Sospiri | Bridge of Sighs |
| la torre (pendente) di Pisa | Leaning Tower of Pisa |
| le Dolomiti | Dolomites |
| la costa Smeralda | Emerald Coast |
| la pianura padana | Po Valley |
| il Tricolore | Italian flag |

## le abitudini — customs

| | |
|---|---|
| il modo di vivere | way of life |
| la cultura | culture |
| un bar *(inv)* | bar |
| un caffè *(inv)* | coffee shop, café |
| | |
| la moda | fashion |
| il dialetto | dialect |
| il carnevale | carnival |

| | |
|---|---|
| il ferragosto | 15 August *(national holiday)* |
| il Palio di Siena | Palio of Siena |
| una sagra | feast, festival *(open-air)* |

**non dimenticarti di prendere una piantina di Firenze**
don't forget to take a map of Florence

See also sections **25 THE CITY, 26 CARS, 39 PLANNING A HOLIDAY, 40 RAILWAYS, 41 FLYING, 42 PUBLIC TRANSPORT, 43 AT THE HOTEL, 44 CAMPSITES AND YOUTH HOSTELS, 45 AT THE SEASIDE, 46 GEOGRAPHICAL TERMS** and **65 DIRECTIONS.**

# 51. I PICCOLI INCIDENTI
## INCIDENTS

| | |
|---|---|
| succedere | to happen |
| accadere | to occur |
| avvenire | to take place |
| | |
| incontrare | to meet |
| coincidere | to coincide |
| scontrarsi | to collide |
| mancare | to miss |
| far cadere | to drop |
| rovesciare | to spill, to knock over |
| macchiare | to stain |
| (s)battere contro | to knock against |
| cadere | to fall |
| rovinare | to spoil |
| inciampare | to trip |
| danneggiare | to damage |
| rompere | to break |
| causare, provocare | to cause |
| fare attenzione | to be careful |
| | |
| distrarsi | to be distracted |
| dimenticare, dimenticarsi | to forget |
| perdere | to lose |
| cercare | to look for |
| frugare | to search, to rummage |
| riconoscere | to recognize |
| trovare | to find |
| ritrovare | to find (again) |
| perdersi | to get lost |
| smarrirsi | to lose one's way |
| chiedere la strada | to ask one's way |
| | |
| distratto | absent-minded |
| maldestro | clumsy |
| imprevisto | unexpected |
| per sbaglio | accidentally |

| | |
|---|---|
| per caso | by chance |
| purtroppo | unfortunately |
| | |
| una coincidenza | coincidence |
| una sorpresa | surprise |
| la fortuna | luck |
| la sfortuna | bad luck |
| una disgrazia | misfortune |
| il caso | chance |
| una disavventura | misadventure |
| un incontro | meeting |
| uno scontro | collision |
| la sbadataggine | carelessness |
| una caduta | fall |
| un danno | damage |
| una dimenticanza | oversight |
| una perdita | loss |
| l'ufficio oggetti smarriti | lost property office |
| una ricompensa | reward |

**che combinazione!**
what a coincidence!

**la mia solita fortuna!**
just my luck!

**che peccato!**
what a pity!

**attento!, attenzione!**
watch out!

# 52. GLI INCIDENTI
## ACCIDENTS

| | |
|---|---|
| guidare, andare in macchina | to drive |
| rischiare inutilmente | to take needless risks |
| non dare la precedenza | not to give way |
| passare con il rosso | to go through a red light |
| non fermarsi allo stop | to ignore a stop sign |
| sbandare | to skid |
| fare un testa-coda | to spin |
| precipitare | to hurtle down |
| scoppiare | to burst |
| perdere il controllo di | to lose control of |
| cappottare | to somersault |
| andare a sbattere contro | to run into |
| investire | to run down, to run over |
| sfasciare | to wreck, to smash |
| demolire | to demolish |
| danneggiare | to damage |
| bloccare | to block |
| distruggere | to destroy |
| rimanere intrappolato | to be trapped |
| essere in stato di shock | to be in a state of shock |
| perdere conoscenza | to lose consciousness |
| riprendere conoscenza | to regain consciousness |
| essere in coma | to be in a coma |
| morire sul colpo | to die instantly |
| | |
| essere testimone di | to witness |
| fare una denuncia | to draw up a report |
| indennizzare | to compensate |
| | |
| scivolare | to slip, to slide |
| annegare | to drown |
| soffocare | to suffocate |
| cadere (da) | to fall (from) |
| cadere dalla finestra | to fall out of the window |
| prendere la scossa | to get an electric shock |
| rimanere fulminato | to electrocute oneself |

| | |
|---|---|
| bruciarsi | to burn oneself |
| scottarsi | to scald oneself |
| tagliarsi | to cut oneself |
| ubriaco | drunk |
| ferito | injured |
| morto | dead |
| grave | serious |
| assicurato | insured |

## gli incidenti stradali — road accidents

| | |
|---|---|
| un incidente | accident |
| un incidente d'auto | car accident |
| un incidente stradale | road accident |
| il codice della strada | Highway Code |
| uno scontro | car crash, smash |
| un tamponamento a catena | pile-up |
| l'urto | impact |
| un'esplosione | explosion |
| la corsia d'emergenza | hard shoulder |
| l'eccesso di velocità | speeding |
| l'alcotest® *(m inv)* | Breathalyser®, breath test |
| la guida in stato di ubriachezza | drink driving |
| la stanchezza | fatigue |
| la scarsa visibilità | poor visibility |
| la nebbia | fog |
| la pioggia | rain |
| il ghiaccio | (black) ice |
| una scarpata | escarpment |
| un precipizio | precipice |
| un danno | damage |

## altri incidenti — other accidents

| | |
|---|---|
| un incidente sul lavoro | industrial accident |
| un incidente di montagna | mountaineering accident |
| una caduta | fall |
| l'annegamento | drowning |
| una scossa elettrica | electric shock |
| un incendio | fire |

## i feriti e i testimoni

## injured persons and witnesses

| | |
|---|---|
| un contuso | person suffering from cuts and bruises |
| un ferito | injured person |
| un ferito grave | seriously injured person |
| un morto | dead person |
| un/una testimone | witness |
| un/una testimone oculare | eye witness |
| una commozione cerebrale | concussion |
| una ferita | injury |
| un'ustione | burn |
| il sangue freddo | composure |

## i soccorsi

## help

| | |
|---|---|
| i servizi di pronto intervento | emergency services |
| la polizia, i carabinieri | police |
| i vigili del fuoco | firemen |
| il pronto soccorso | first aid |
| un caso urgente | emergency case |
| un'operazione d'urgenza | emergency operation |
| un'ambulanza | ambulance |
| un dottore/una dottoressa | doctor |
| un infermiere/un'infermiera | nurse |
| una valigetta del pronto soccorso | first-aid kit |
| una lettiga | stretcher |
| la respirazione artificiale | artificial respiration |
| la respirazione bocca a bocca | kiss of life |
| l'ossigeno | oxygen |
| un laccio emostatico | tourniquet |
| un estintore | extinguisher |
| un carro attrezzi | breakdown vehicle |

## le conseguenze

## the consequences

| | |
|---|---|
| i danni | damages |
| una denuncia | report |

| una multa | fine |
| la giustizia | justice |
| una condanna | sentence |
| l'assicurazione *(f)* | insurance |
| la responsabilità *(f inv)* | responsibility |

**è stato/a investito/a da una moto**
he/she got run over by a motorbike

**è fortunato, se l'è cavata con qualche graffio**
he's lucky, he escaped with only a few scratches

**la mia macchina è da buttar via**
my car is a write-off

**gli/le hanno ritirato la patente per un anno**
he/she lost his/her licence for a year

See also sections **6 HEALTH, 26 CARS, 28 WHAT'S THE WEATHER LIKE?** and **53 DISASTERS.**

# 53. LE CATASTROFI
## DISASTERS

| | |
|---|---|
| attaccare | to attack |
| difendere | to defend |
| crollare | to collapse |
| morir(e) di fame | to starve |
| eruttare, entrare in eruzione | to erupt |
| esplodere, scoppiare | to explode |
| tremare | to shake |
| soffocare | to suffocate |
| bruciare | to burn |
| estinguere, spegnere | to extinguish |
| dare l'allarme | to raise the alarm |
| trarre in salvo | to rescue |
| affondare | to sink |

## la guerra — war

| | |
|---|---|
| le forze armate | the armed forces |
| l'esercito | army |
| la marina (militare) | navy |
| l'aeronautica (militare) | air force |
| il nemico | enemy |
| un alleato | ally |
| il campo di battaglia | battlefield |
| un bombardamento | bombing |
| una bomba (ad orologeria) | (time) bomb |
| le armi nucleari | nuclear weapons |
| una granata | grenade |
| un missile | missile |
| un razzo | rocket |
| un proiettile | bullet |
| un carro armato | tank |
| un'arma | weapon, arm |
| un fucile | gun |
| una mitragliatrice | machine-gun |
| una mina | mine |

| | |
|---|---|
| i civili | civilians |
| un rifugiato/una rifugiata | refugee |
| un soldato | soldier |
| un generale | general |
| un colonnello | colonel |
| un capitano | captain |
| un sergente | sergeant |
| | |
| la crudeltà *(inv)* | cruelty |
| la tortura | torture |
| la morte | death |
| una ferita | wound |
| una vittima | victim |
| un rifugio antiaereo | air-raid shelter |
| un rifugio antiatomico | nuclear shelter |
| la pioggia radioattiva | radioactive fallout |
| una tregua | truce |
| un trattato | treaty |
| la vittoria | victory |
| la sconfitta | defeat |
| la pace | peace |

## le calamità naturali — natural disasters

| | |
|---|---|
| la siccità *(inv)* | drought |
| la carestia | famine |
| la denutrizione | malnutrition |
| la mancanza di | lack of |
| un'epidemia | epidemic |
| | |
| un tornado *(inv)* | tornado |
| un ciclone | cyclone |
| un uragano | hurricane, storm |
| un maremoto | tidal wave, seaquake |
| un'alluvione, un'inondazione | flooding |
| un terremoto | earthquake |
| un vulcano | volcano |
| un'eruzione vulcanica | volcanic eruption |
| la lava | lava |
| una valanga | avalanche |
| una frana | landslip, landslide |

| l'organizzazione dei soccorsi | relief organization |
| le operazioni di soccorso | rescue operations |
| una squadra di soccorso | rescue team |
| la Croce Rossa | the Red Cross |
| un volontario/una volontaria | volunteer |
| un salvataggio | rescue |
| un SOS | SOS |

## gli incendi — fires

| il fuoco, un incendio | fire |
| il fumo | smoke |
| le fiamme | flames |
| un'esplosione | explosion |
| i vigili del fuoco | firemen, fire brigade |
| un vigile del fuoco | fireman |
| un'autopompa | fire engine |
| una scala | ladder |
| un idrante | hose |
| l'uscita di sicurezza | emergency exit |
| il panico | panic |
| un'(auto)ambulanza | ambulance |
| la respirazione artificiale | artificial respiration |
| un sopravvissuto/una sopravvissuta | survivor |

aiuto!
help!

al fuoco!
fire!

See also section **52 ACCIDENTS**.

# 54. IL CRIMINE
## CRIME

| | |
|---|---|
| commettere un reato | to commit an offence |
| rubare | to steal |
| svaligiare | to burgle, to rob |
| assassinare | to murder, to assassinate |
| uccidere, ammazzare | to kill |
| pugnalare | to stab |
| strangolare | to strangle |
| sparare (a) | to shoot |
| avvelenare | to poison |
| assalire | to attack |
| forzare | to force |
| stuprare, violentare | to rape |
| ricattare | to blackmail |
| truffare | to swindle |
| imbrogliare | to con |
| appropriarsi indebitamente | to embezzle |
| spiare | to spy |
| prostituirsi | to prostitute oneself |
| drogare | to drug |
| rapire, sequestrare | to kidnap, to abduct |
| prendere in ostaggio | to take hostage |
| dar fuoco a | to set fire to |
| arrestare | to arrest |
| acchiappare | to catch |
| scappare | to escape |
| indagare | to investigate |
| condurre delle indagini | to lead an investigation |
| interrogare | to question, to interrogate |
| perquisire | to search |
| avere dei precedenti penali | to have a police record |
| ammanettare | to handcuff |
| pestare | to beat up |
| far parlare qualcuno | to make someone talk |

| | |
|---|---|
| mettere in prigione | to imprison |
| circondare | to surround |
| bloccare l'accesso a | to seal off |
| metter dentro | to lock up |
| salvare | to rescue |
| | |
| difendere | to defend |
| accusare | to accuse |
| processare | to try |
| condannare | to sentence |
| riconoscere colpevole | to convict |
| assolvere | to acquit |
| | |
| colpevole | guilty |
| innocente | innocent |

## il crimine — crime

| | |
|---|---|
| un furto | theft |
| un furto con scasso | burglary |
| una rapina | hold-up |
| un dirottamento aereo | hijacking |
| un attacco, un assalto | attack |
| un'aggressione a mano armata | armed attack |
| un omicidio | murder |
| una truffa | fraud |
| un ricatto | blackmail |
| uno stupro | rape |
| la delinquenza giovanile | juvenile delinquency |
| la prostituzione | prostitution |
| il traffico di stupefacenti | drug trafficking |
| il contrabbando | smuggling |
| lo spionaggio | spying |
| il vandalismo | vandalism |
| la malavita | underworld |
| | |
| un/una criminale | criminal |
| un pregiudicato/una pregiudicata | previous offender, criminal |
| un/una complice | accomplice |
| un ostaggio | hostage |
| un assassino/un'assassina | murderer |

| | |
|---|---|
| un ladro/una ladra | thief |
| uno scassinatore/una scassinatrice | burglar |
| un falsario/una falsaria | forger, counterfeiter |
| un ruffiano | pimp |
| un/una trafficante di droga | drug dealer |
| uno spacciatore/una spacciatrice di droga | drug pusher |

## le armi     weapons

| | |
|---|---|
| una pistola | pistol |
| un fucile | gun, rifle |
| una rivoltella | revolver |
| un coltello | knife |
| un pugnale | dagger |
| un veleno | poison |
| un tirapugni | knuckleduster |

## la polizia e i carabinieri     police

| | |
|---|---|
| un poliziotto, un carabiniere | policeman |
| un investigatore/ un'investigatrice | detective |
| la squadra mobile | flying squad |
| un commissario | superintendent |
| un ispettore (di polizia) | (police) inspector |
| la (squadra del) buoncostume | vice squad |
| la repressione frodi | fraud squad |
| un commissariato | police station |
| un verbale | report |
| le indagini | investigations |
| l'inchiesta | enquiry |
| un indizio | clue |
| le prove | evidence |
| un cane poliziotto | police dog |
| un informatore/ un'informatrice | informer |
| un manganello | truncheon |
| le manette | handcuffs |
| un casco | helmet |

| | |
|---|---|
| uno scudo | shield |
| il gas *(inv)* lacrimogeno | tear gas |
| il (furgone) cellulare | police van |

## il sistema giudiziario — the judicial system

| | |
|---|---|
| un caso (giudiziario) | case |
| un processo | trial |
| il tribunale | court |
| l'accusato/l'accusata | accused |
| la vittima | victim |
| una prova | evidence |
| un/una testimone | witness |
| un avvocato | lawyer |
| il pubblico ministero | public prosecutor |
| un giudice, un magistrato | judge |
| i giurati | jurors |
| la difesa | defence |

| | |
|---|---|
| la condanna | sentence |
| l'assoluzione *(f)* | acquittal |
| la condizionale | suspended sentence |
| una riduzione della pena | reduced sentence |
| un'ammenda | fine |
| la libertà vigilata | probation |
| la reclusione | imprisonment |
| la prigione, il carcere | prison |
| l'ergastolo | life sentence |
| la pena di morte | death sentence |
| la sedia elettrica | electric chair |
| l'impiccagione *(f)* | hanging |
| un errore giudiziario | miscarriage of justice |

**è stato/a condannato/a a 20 anni di reclusione**
he/she was sentenced to 20 years' imprisonment

**la polizia sta indagando su questo caso**
the police are investigating this case

**al ladro!**
stop thief!

**lui l'ha minacciata con la pistola**
he threatened her with a gun

# 55. LE AVVENTURE E I SOGNI
## ADVENTURES AND DREAMS

| | |
|---|---|
| giocare | to play |
| divertirsi | to have fun |
| immaginare | to imagine |
| succedere | to happen |
| nascondersi | to hide |
| scappare | to escape |
| rincorrere | to chase |
| scoprire | to discover |
| esplorare | to explore |
| osare | to dare |
| (tra)vestirsi (da) | to dress up (as) |
| marinare la scuola | to play truant |
| giocare a nascondino | to play hide-and-seek |
| darsela a gambe | to take to one's heels |
| stregare | to bewitch |
| predire il futuro | to tell fortunes |
| sognare | to dream |
| sognare ad occhi aperti | to daydream |
| fare un sogno | to have a dream |
| avere un incubo | to have a nightmare |

## le avventure    adventures

| | |
|---|---|
| un'avventura | adventure |
| una disavventura | misadventure |
| un gioco | game |
| un viaggio | journey |
| una fuga, un'evasione | escape |
| un travestimento | disguise |
| un avvenimento | event |
| una scoperta | discovery |
| il caso | chance |
| la fortuna | luck |
| la sfortuna | bad luck |
| un pericolo | danger |

| | |
|---|---|
| un rischio | risk |
| un nascondiglio | hiding place |
| una grotta | cave |
| un'isola | island |
| un tesoro | treasure |
| il coraggio | courage |
| l'audacia | recklessness |
| la vigliaccheria | cowardice |

## le favole e le leggende — fairy tales and legends

| | |
|---|---|
| un mago | wizard, magician, sorcerer |
| una maga | magician, sorceress |
| una strega | witch |
| uno stregone | sorcerer |
| una fata | fairy |
| un profeta | prophet |
| un/una chiromante | palmist, fortune teller |
| uno gnomo | gnome |
| un diavoletto | imp |
| un folletto | goblin, elf |
| un nano | dwarf |
| un gigante | giant |
| un orco | ogre |
| un fantasma, uno spirito | ghost |
| uno scheletro | skeleton |
| un vampiro | vampire |
| un drago | dragon |
| un lupo mannaro | werewolf |
| un mostro | monster |
| un/un'extraterrestre | extra-terrestrial |
| una civetta, un gufo | owl |
| un rospo | toad |
| un gatto nero | black cat |
| un pipistrello | bat |
| un castello incantato | enchanted castle |
| un incantesimo | spell |
| un cimitero | cemetery |
| una nave spaziale | spaceship |
| un ufo *(inv)* | UFO |
| l'universo | universe |

| | |
|---|---|
| la magia | magic |
| la superstizione | superstition |
| una bacchetta magica | magic wand |
| un tappeto volante | flying carpet |
| una scopa | broomstick |
| la sfera di cristallo | crystal ball |
| i tarocchi | tarot cards |
| le linee della mano | lines of the hand |
| la luna piena | full moon |

## i sogni

dreams

| | |
|---|---|
| un sogno | dream |
| un incubo | nightmare |
| la fantasia, l'immaginazione *(f)* | imagination |
| l'inconscio | subconscious |
| un'allucinazione | hallucination |
| il risveglio | awakening |

**sai cosa mi è successo ieri?**
do you know what happened to me yesterday?

**hai rotto l'incantesimo!**
you've broken the spell!

**lavori troppo di fantasia**
you let your imagination run away with you

# 56. IL TEMPO
## THE TIME

| | |
|---|---|
| **oggetti per misurare il tempo** | **things that tell the time** |
| un orologio | watch, clock |
| un orologio digitale | digital watch |
| una pendola | clock |
| una sveglia | alarm clock |
| un cronometro | stopwatch |
| l'ora esatta | speaking clock |
| un timer *(inv)* | timer |
| il campanile | clock tower |
| una campana | bell |
| una meridiana | sundial |
| una clessidra | hour-glass |
| le lancette | hands *(of clock)* |
| la lancetta dei minuti | minute hand |
| la lancetta delle ore | hour hand |
| la lancetta dei secondi | second hand |
| un fuso orario | time zone |
| l'ora di Greenwich | Greenwich Mean Time (GMT) |
| l'ora legale | Summer Time |
| l'ora locale | local time |
| **che ore sono?/ che ora è?** | **what time is it?** |
| è l'una | it's one o'clock |
| sono le due/le tre/le undici | it's two/three/eleven o'clock |
| le otto del mattino | eight am, eight (o'clock) in the morning |
| le otto e cinque | five (minutes) past eight |
| le otto e un quarto | a quarter past eight |
| le dieci e trenta | ten thirty |

| le dieci e mezza | half past ten |
| le undici meno venti | twenty to eleven |
| le undici meno un quarto | a quarter to eleven |
| le dodici e un quarto | twelve fifteen |
| le due del pomeriggio, le quattordici | two pm, two (o'clock) in the afternoon |
| le quattordici e trenta | two thirty (in the afternoon) |
| le dieci di sera, le ventidue | ten pm, ten (o'clock) in the evening |

## le unità di tempo — divisions of time

| l'ora | time |
| un'istante | instant |
| un momento, un attimo | moment |
| un secondo | second |
| un minuto | minute |
| un quarto d'ora | quarter of an hour |
| una mezz'ora | half an hour |
| tre quarti d'ora | three quarters of an hour |
| un'ora | hour |
| un'ora e mezza | an hour and a half |

| il giorno, la giornata | day |
| l'alba | dawn |
| la mattina, il mattino, la mattinata | morning |
| il mezzogiorno | noon |
| il pomeriggio | afternoon |
| la sera, la serata | evening |
| il crepuscolo | dusk |
| il tramonto | sunset |
| la notte, la nottata | night |
| mezzanotte | midnight |

## essere in ritardo/ in orario — being late/ on time

| partire/uscire in orario | to leave on time |
| essere in anticipo | to be early, to be ahead of schedule |
| essere puntuale | to be on time |
| arrivare in orario | to arrive on time |
| essere in ritardo | to be late |

217

| | |
|---|---|
| avere ritardo | to be behind schedule |
| affrettarsi | to hurry (up) |
| aver fretta | to be in a hurry |

## quando?

## when?

| | |
|---|---|
| quando | when |
| prima | before |
| dopo | after |
| durante | during |
| mentre | while |
| presto | early |
| tardi | late |

| | |
|---|---|
| ora, adesso | now |
| al/in questo momento | at the moment |
| subito | straightaway |
| immediatamente | immediately |
| già | already |
| tra poco, a momenti | shortly, presently |
| poco fa | a short while ago |
| presto | soon |
| poi, dopo | then |
| allora | at that time, then |
| di recente | recently |
| nel frattempo, intanto | meanwhile |
| per ora, per adesso | for the time being |
| per tanto/breve tempo | for a long/short time |
| tanto tempo fa | a long time ago |
| sempre | always |
| spesso | often |
| mai | never |
| qualche volta, a volte | sometimes |

**sono le due (esatte)**
it's two o'clock (exactly)

**ci incontreremo alle quattro in punto**
we'll meet at four o'clock sharp

**scusi, ha l'ora (esatta)?**
do you have the (exact) time?

**a che ora chiudono i negozi?**
what time do the shops close?

**sono circa le due**
it's about two o'clock

**è arrivato/a verso le tre**
he/she arrived at around three

**sarà stata mezzanotte quando se n'è andato/a**
it must have been midnight when he/she left

**il mio orologio va avanti/è indietro**
my watch is fast/slow

**ho regolato l'orologio**
I've set my watch to the right time

**non ho tempo di uscire**
I haven't time to go out

**sbrigati a vestirti**
hurry up and get dressed

**non è ancora ora**
it's not time yet

**vado a scuola la/di mattina**
I go to school in the morning

**ho passato la mattinata a studiare**
I spent the morning studying

# 57. LA SETTIMANA
## THE WEEK

| | |
|---|---|
| lunedì *(m)* | Monday |
| martedì *(m)* | Tuesday |
| mercoledì *(m)* | Wednesday |
| giovedì *(m)* | Thursday |
| venerdì *(m)* | Friday |
| sabato | Saturday |
| domenica | Sunday |
| il fine settimana *(inv)*, il week-end *(inv)* | weekend |
| un giorno, una giornata | day |
| una settimana | week |
| quindici giorni, due settimane | fortnight |
| oggi | today |
| domani | tomorrow |
| dopodomani | the day after tomorrow |
| ieri | yesterday |
| l'altroieri, ieri l'altro | the day before yesterday |
| il giorno prima | the day before |
| il giorno dopo, l'indomani | the day after |
| due giorni dopo | two days later |
| questa settimana | this week |
| la settimana prossima | next week |
| la settimana dopo | the following week |
| la settimana scorsa | last week |
| l'ultima settimana | the last week |
| lunedì scorso | last Monday |
| lunedì prossimo | next Monday |
| il week-end scorso | last weekend |
| il week-end prossimo | next weekend |
| oggi (a) otto | in a week's time, a week today |
| fra quindici giorni | in two weeks' time |
| ieri mattina | yesterday morning |
| ieri sera | yesterday evening |

220

| | |
|---|---|
| stamattina | this morning |
| questo pomeriggio | this afternoon |
| stasera | this evening, tonight |
| stanotte | tonight |
| domattina | tomorrow morning |
| domani sera | tomorrow evening |
| tre giorni fa | three days ago |
| di giorno/di notte | during the day/night |
| giorno per giorno | day by day |
| un giorno sì e un giorno no | on alternate days |

**giovedì sono andato/a in piscina**
on Thursday I went to the swimming pool

**il giovedì vado in piscina**
on Thursdays I go to the swimming pool

**vado in piscina tutti i giovedì**
I go to the swimming pool every Thursday

**viene a trovarmi tutti i giorni**
he/she comes to see me every day

**ci vediamo domani!, a domani!**
see you tomorrow!

## 58. L'ANNO
### THE YEAR

| i mesi dell'anno | the months of the year |
|---|---|
| gennaio | January |
| febbraio | February |
| marzo | March |
| aprile | April |
| maggio | May |
| giugno | June |
| luglio | July |
| agosto | August |
| settembre | September |
| ottobre | October |
| novembre | November |
| dicembre | December |
| un mese | month |
| un trimestre | quarter |
| un anno | year |
| un decennio | decade |
| un secolo | century |
| un millennio | millennium |

| le stagioni | the seasons |
|---|---|
| una stagione | season |
| la primavera | spring |
| l'estate (f) | summer |
| l'autunno | autumn |
| l'inverno | winter |

| le feste | festivals |
|---|---|
| un giorno festivo | public holiday |
| la vigilia di Natale | Christmas Eve |
| il Natale | Christmas |
| San Silvestro | New Year's Eve |
| il Capodanno | New Year's Day |

| | |
|---|---|
| l'Epifania, la Befana | Epiphany |
| il martedì grasso | Shrove Tuesday |
| le Ceneri | Ash Wednesday |
| il Venerdì Santo | Good Friday |
| la Pasqua | Easter |
| il lunedì dell'Angelo | Easter Monday |
| la Pentecoste | Whitsun |
| il Ferragosto | 15 August *(national holiday)* |
| San Valentino | St Valentine's Day |
| il primo d'aprile | April Fools' Day |
| il compleanno | birthday |
| l'onomastico | name day |

**il mio compleanno cade in febbraio**
my birthday is in February

**l'estate è la mia stagione preferita**
summer is my favourite season

**piove spesso d'inverno/d'estate**
it often rains in winter/summer

**fa abbastanza caldo in primavera/in autunno**
it's quite warm in spring/in autumn

See also sections **38 GREETINGS AND POLITE PHRASES**, **56 THE TIME**, **57 THE WEEK** and **59 THE DATE**.

# 59. LA DATA
## THE DATE

| | |
|---|---|
| risalire a | to date from |
| durare | to last |
| il presente | present |
| il passato | past |
| il futuro, l'avvenire *(m)* | future |
| la storia | history |
| la preistoria | prehistory |
| l'antichità | antiquity |
| il medioevo | Middle Ages |
| il Rinascimento | Renaissance |
| il Quattrocento, il '400 | 15th century |
| il Cinquecento, il '500 | 16th century |
| la rivoluzione francese | French Revolution |
| la rivoluzione industriale | Industrial Revolution |
| il ventesimo secolo, il Novecento | twentieth century |
| il millenovecentonovanta-quattro | 1994 |
| il 2000 | year 2000 |
| la data | date |
| la cronologia | chronology |
| attuale | present, current |
| moderno | modern |
| contemporaneo | contemporary |
| passato | past |
| futuro | future |
| annuale | annual, yearly |
| trimestrale | quarterly |
| mensile | monthly |
| settimanale | weekly |
| quotidiano, giornaliero | daily |
| in passato | in the past |
| un tempo, una volta | in times past |

224

| precedentemente | formerly |
| per molto tempo | for a long time |
| mai | never |
| sempre | always |
| a volte, qualche volta | sometimes |
| quando | when |
| da (quando) | since |
| di nuovo | again |
| ancora | still, yet |
| allora, a quel tempo | at that time |
| avanti Cristo, a.C. | BC |
| dopo Cristo, d.C. | AD |

**che giorno è oggi?**
what date is it today?

**è il primo giugno 2002**
it's the first of June 2002

**è il 15 (di) agosto, è ferragosto**
it's the 15th of August

**quand'è il tuo compleanno?, quando compi gli anni?**
when is your birthday?

**tornerà entro il 16 (di) luglio**
he/she'll be back on the 16th of July

**se n'è andato/a un anno fa**
he/she left a year ago

**c'era una volta …**
once upon a time, there was …

See also sections **56 THE TIME**, **57 THE WEEK** and **58 THE YEAR**.

# 60. I NUMERI
## NUMBERS

| | |
|---|---|
| zero | zero, nought |
| uno | one |
| due | two |
| tre | three |
| quattro | four |
| cinque | five |
| sei | six |
| sette | seven |
| otto | eight |
| nove | nine |
| dieci | ten |
| undici | eleven |
| dodici | twelve |
| tredici | thirteen |
| quattordici | fourteen |
| quindici | fifteen |
| sedici | sixteen |
| diciassette | seventeen |
| diciotto | eighteen |
| diciannove | nineteen |
| venti | twenty |
| ventuno | twenty-one |
| ventidue | twenty-two |
| ventitré | twenty-three |
| ventotto | twenty-eight |
| trenta | thirty |
| quaranta | forty |
| cinquanta | fifty |
| sessanta | sixty |
| settanta | seventy |
| ottanta | eighty |
| novanta | ninety |
| cento | a/one hundred |
| centouno | a/one hundred and one |
| centosessantadue | a/one hundred and sixty-two |

| | |
|---|---|
| duecento | two hundred |
| duecentodue | two hundred and two |
| mille | a/one thousand |
| duemila | two thousand |
| duemiladue | two thousand and two |
| cinquemila | five thousand |
| diecimila | ten thousand |
| centomila | a/one hundred thousand |
| un milione | a/one million |
| un miliardo | a/one thousand million |
| primo | first |
| secondo | second |
| terzo | third |
| quarto | fourth |
| quinto | fifth |
| sesto | sixth |
| settimo | seventh |
| ottavo | eighth |
| nono | ninth |
| decimo | tenth |
| undicesimo | eleventh |
| dodicesimo | twelfth |
| tredicesimo | thirteenth |
| quattordicesimo | fourteenth |
| quindicesimo | fifteenth |
| sedicesimo | sixteenth |
| diciassettesimo | seventeenth |
| diciottesimo | eighteenth |
| diciannovesimo | nineteenth |
| ventesimo | twentieth |
| ventunesimo | twenty-first |
| ventiduesimo | twenty-second |
| trentesimo | thirtieth |
| quarantesimo | fortieth |
| cinquantesimo | fiftieth |
| sessantesimo | sixtieth |
| settantesimo | seventieth |
| ottantesimo | eightieth |
| novantesimo | ninetieth |
| centesimo | hundredth |

| | |
|---|---|
| centoventesimo | hundred and twentieth |
| duecentesimo | two hundredth |
| millesimo | thousandth |
| ultimo | last |
| una cifra | figure |
| un numero | number |

**una trentina/una cinquantina/un centinaio/un migliaio**
about thirty/about fifty/about a hundred/about a thousand

**mille euro**
one thousand euros

**un milione/due milioni di sterline**
one million/two million pounds

**una volta/due volte/tre volte**
once/twice/three times

**due virgola tre (2,3)**
two point three (2.3)

**il cinquanta per cento**
fifty percent

**5.359**
5,359

**Enrico VIII (Ottavo)**
Henry VIII (the Eighth)

**Giovanni Paolo II (Secondo)**
John Paul II (the Second)

# 61. LE QUANTITÀ
## QUANTITIES

| | |
|---|---|
| calcolare | to calculate |
| contare | to count |
| pesare | to weigh |
| misurare | to measure |
| | |
| spartirsi | to share |
| dividere | to divide |
| distribuire | to distribute |
| riempire | to fill |
| (s)vuotare | to empty |
| togliere, levare | to remove |
| diminuire | to lessen |
| ridurre | to reduce |
| abbassare | to lower |
| aumentare | to increase |
| aggiungere | to add |
| bastare | to be enough |
| | |
| niente, nulla | nothing |
| tutto | everything |
| tutto il/tutta la ... | all the ..., the whole ... |
| tutti i/tutte le ... | all the ..., every ... |
| oguno/a | everybody |
| nessuno | nobody |
| qualcosa | something, anything |
| qualche | some, a few |
| parecchi/parecchie | several |
| ogni | each, every |
| poco/a | little |
| pochi/e | few |
| un po' | a little |
| un po' di | a little bit of, some |
| molto/a, tanto/a | a lot, much |
| molti/e, tanti/e | many, lots of |
| non ... più | no more |
| più (di) | more |

| | |
|---|---|
| meno (di) | less |
| la maggior parte (di) | most |
| abbastanza | enough |
| troppo | too much |
| circa | about |
| quasi | almost |
| più o meno | more or less |
| appena | scarcely, just |
| proprio | just |
| al massimo | at the most |
| ancora (una volta) | (once) again |
| solo, soltanto | only |
| almeno | at least |
| la metà (di) | half (of) |
| un quarto (di) | a quarter (of) |
| un terzo (di) | a third (of) |
| uno e mezzo | one and a half |
| due terzi | two thirds |
| tre quarti | three quarters |
| l'intero | the whole |
| raro | rare |
| numeroso | numerous |
| innumerevole | innumerable |
| uguale | equal |
| disuguale | unequal |
| supplementare | extra |
| pieno | full |
| vuoto | empty |
| unico | single |
| doppio | double |
| triplo | treble |
| un mucchio (di) | a heap (of) |
| un pezzo (di) | a piece (of) |
| una fetta (di) | a slice (of) |
| un bicchiere (di) | a glass (of) |
| un piatto (di) | a plate (of) |
| una scatola (di) | a box (of) |
| un barattolo (di) | a tin (of) |
| un pacchetto (di) | a packet (of) |
| un cucchiaio (di) | a spoonful (of) |

| | |
|---|---|
| un pizzico (di) | a pinch/bit (of) |
| un pugno (di) | a handful (of) |
| un paio (di) | a pair (of) |
| una gran quantità (di) | a large number (of), masses (of) |
| una massa (di gente) | a crowd (of people) |
| una parte (di) | a part (of), a share (of) |
| una (mezza) dozzina (di) | (half) a dozen |
| centinaia | hundreds |
| migliaia | thousands |
| il resto (di) | the rest (of) |
| la quantità *(inv)* | quantity |
| un numero | number |
| l'infinito | infinity |
| la media | average |

## i pesi e le misure

## weights and measurements

| | |
|---|---|
| un'oncia | ounce |
| un grammo | gram |
| cento grammi, un etto(grammo) | a hundred grams |
| una libbra | pound |
| un chilo | kilo |
| una tonnellata | ton |
| un litro | litre |
| una pinta | pint |
| un centimetro | centimetre |
| un metro | metre |
| un chilometro | kilometre |
| un miglio | mile |

**una lattina di Coca®**
a can of Coke®

**mezzo litro di latte**
half a litre of milk

**a cinque chilometri (da qui)**
five kilometres away

See also section **60 NUMBERS.**

## 62. PER DESCRIVERE LE COSE
### DESCRIBING THINGS

| | |
|---|---|
| la misura, la dimensione | size |
| la larghezza | width, breadth |
| l'altezza | height |
| la profondità *(inv)* | depth |
| la bellezza | beauty |
| l'aspetto | appearance |
| la forma | shape |
| una qualità *(inv)* | quality |
| un difetto | defect |
| un vantaggio | advantage |
| uno svantaggio | disadvantage |
| grande | big, large, tall |
| piccolo | small, short |
| enorme | enormous |
| minuscolo | tiny |
| microscopico | microscopic |
| largo | wide, large |
| stretto | narrow |
| spesso | thick |
| grosso | big, large, thick |
| sottile | thin |
| snello | slim |
| piatto | flat |
| profondo | deep |
| superficiale | shallow, superficial |
| lungo | long |
| corto | short |
| alto | high, tall |
| basso | low, short |
| affascinante, incantevole | charming |
| delizioso | lovely |
| bello | beautiful, handsome |
| buono | good |

| | |
|---|---|
| migliore | better |
| il migliore | the best |
| carino | pretty, cute |
| meraviglioso, stupendo | marvellous |
| magnifico | magnificent |
| fantastico | fantastic |
| notevole | remarkable |
| eccezionale | exceptional |
| straordinario | extraordinary |
| eccellente, ottimo | excellent |
| perfetto | perfect |
| | |
| brutto | ugly, bad |
| cattivo | bad |
| mediocre | mediocre |
| peggiore | worse |
| il peggiore | the worst |
| pessimo | very bad, awful |
| spaventoso | appalling |
| orrendo | dreadful |
| atroce | atrocious |
| difettoso | defective |
| leggero | light |
| pesante | heavy |
| duro | hard |
| solido | firm, solid |
| lucido | shiny |
| robusto | sturdy |
| soffice | soft |
| tenero | tender |
| delicato | delicate |
| fine | fine |
| liscio | smooth |
| | |
| caldo | warm, hot |
| freddo | cold |
| tiepido | lukewarm |
| asciutto | dry |
| bagnato | wet |
| umido | damp |
| liquido | liquid |
| semplice | simple |

| | |
|---|---|
| complicato | complicated |
| difficile | difficult |
| facile | easy |
| pratico | handy |
| utile | useful |
| inutile | useless |
| | |
| vecchio | old |
| antico | ancient |
| nuovo | new |
| moderno | modern |
| fuori moda | out of date |
| fresco | fresh, cool |
| pulito | clean |
| sporco | dirty |
| disgustoso | disgusting |
| logoro | worn out |
| di ottima/cattiva qualità | top-/poor-quality |
| | |
| curvo | curved |
| d(i)ritto | straight |
| rotondo | round |
| circolare | circular |
| ovale | oval |
| rettangolare | rectangular |
| quadrato | square |
| triangolare | triangular |
| | |
| molto, tanto, assai | very |
| troppo | too |
| piuttosto, abbastanza | rather |
| bene | well |
| male | badly |
| meglio | better |
| il meglio | the best |

com'è?
what's it like?

See also section **63 COLOURS**.

# 63. I COLORI
## COLOURS

| | |
|---|---|
| un colore | colour |
| arancio *(inv)*, arancione | orange |
| azzurro | sky blue |
| beige *(inv)* | beige |
| bianco | white |
| bianco sporco *(inv)* | off-white |
| blu *(inv)* | blue |
| color carne *(inv)* | flesh-coloured |
| d'argento *(inv)* | silver |
| dorato | golden |
| d'oro *(inv)* | gold |
| giallo | yellow |
| grigio | grey |
| malva *(inv)* | mauve |
| marrone *(inv)* | brown |
| nero | black |
| rosa *(inv)* | pink |
| rosso | red |
| turchese | turquoise |
| verde | green |
| viola *(inv)* | purple |
| scuro | dark |
| chiaro | light |
| vivace | bright |
| pallido | pale |
| in tinta unita | plain |
| multicolore | multicoloured |
| verde chiaro/scuro | light/dark green |

di che colore è?
what colour is it?

# 64. I MATERIALI
## MATERIALS

| | |
|---|---|
| vero | real |
| naturale | natural |
| sintetico | synthetic |
| artificiale | artificial |
| il materiale | material, substance |
| la composizione | composition |
| la sostanza | substance |
| una materia prima | raw material |
| un prodotto | product |
| la terra | earth |
| l'acqua | water |
| l'aria | air |
| il fuoco | fire |
| la pietra | stone |
| la roccia | rock |
| il minerale | ore, mineral |
| le pietre preziose | precious stones |
| il cristallo | crystal |
| il marmo | marble |
| il granito | granite |
| il diamante | diamond |
| l'arenaria | sandstone |
| l'argilla | clay |
| l'ardesia | slate |
| il carbone | coal, charcoal |
| il petrolio | oil, petroleum |
| il gas *(inv)* | gas |
| il metallo | metal |
| l'alluminio | aluminium |
| il bronzo | bronze |
| il rame | copper |
| l'ottone *(m)* | brass |
| lo stagno | tin |

| | |
|---|---|
| il peltro | pewter |
| il ferro | iron |
| l'acciaio | steel |
| il piombo | lead |
| l'oro | gold |
| l'argento | silver |
| il platino | platinum |
| il fil di ferro | wire |
| il legno | wood |
| il pino | pine |
| il bambù | cane, bamboo |
| i vimini | wickerwork |
| la paglia | straw |
| il compensato | plywood |
| il cemento (armato) | (reinforced) concrete |
| il cemento | cement |
| un mattone | brick |
| il gesso | plaster |
| lo stucco | putty, plaster |
| la colla | glue |
| il vetro | glass |
| il cartone | cardboard |
| la carta | paper |
| la plastica | plastic |
| la gomma | rubber |
| la terracotta | earthenware |
| la ceramica | baked clay |
| la porcellana | china, porcelain |
| il cuoio | leather |
| la cera | wax |
| la pelle | leather |
| la pelliccia | fur |
| la pelle scamosciata | suede |
| l'acrilico | acrylic |
| il cotone | cotton |
| il pizzo | lace |
| il raso | satin |
| la lana | wool |
| il lino | linen |

| | |
|---|---|
| la canapa | hemp |
| il nailon *(inv)* | nylon |
| il poliestere | polyester |
| la seta | silk |
| un tessuto sintetico | synthetic material |
| una fibra sintetica | man-made fibre |
| la tela | canvas |
| la tela cerata | oilcloth |
| il tweed *(inv)* | tweed |
| il cachemire *(inv)* | cashmere |
| il velluto | velvet |
| il velluto a coste | cord |

**questa casa è fatta di legno**
this house is made of wood

**un cucchiaio di legno**
a wooden spoon

**l'età del ferro**
the Iron Age

# 65. LE DIREZIONI
## DIRECTIONS

| | |
|---|---|
| chiedere | to ask |
| indicare | to show, to point out |
| mostrare | to show |
| prenda | take |
| continui | keep going |
| segua | follow |
| oltrepassi | go past |
| ritorni | go back |
| faccia marcia indietro | reverse |
| giri a destra | turn right |
| giri a sinistra | turn left |

## le direzioni — directions

| | |
|---|---|
| la sinistra | left |
| la destra | right |
| a sinistra | on/to the left |
| a destra | on/to the right |
| sempre d(i)ritto | straight ahead/on |
| dove | where |
| sopra | on, above |
| sotto | under |
| lungo | along |
| accanto a, vicino a | beside, next to |
| in mezzo a | in the middle of |
| davanti a, di fronte a | in front of |
| dietro a | behind |
| in fondo a | at the end/bottom of |

## i punti cardinali — the points of the compass

| | |
|---|---|
| il sud | south |
| il nord | north |
| l'est *(m)* | east |

| | |
|---|---|
| l'ovest *(m)* | west |
| il nordest | north-east |
| il sudovest | south-west |
| | |
| dopo | after |
| dopo il semaforo | after the traffic lights |
| appena prima di | just before |
| per ... metri | for ... metres |
| al prossimo incrocio | at the next crossroads |
| la prima a destra | first on the right |
| la seconda a sinistra | second on the left |

**mi può indicare la strada per la stazione?**
can you tell me the way to the station?

**come faccio per andare al teatro dell'Opera?**
how do I get to the Opera House?

**è lontano da qui?**
is it far from here?

**a dieci minuti da qui**
ten minutes from here

**a 100 metri da qui**
100 metres away

**a sud di Padova**
south of Padua

**Londra si trova nell'Inghilterra del sud**
London is in the south of England

# 66. ABBREVIAZIONI
## ABBREVIATIONS

| | |
|---|---|
| a.C. (avanti Cristo) | BC |
| A.C.I. (Automobile Club d'Italia) | Italian Automobile Association |
| ad es (ad esempio) | eg |
| avv. (avvocato) | lawyer |
| C (Celsius) | C |
| ca. (circa) | approx |
| cap. (capitolo) | chapter |
| C.A.P. (codice di avviamento postale) | postcode |
| c/c (conto corrente) | current account |
| cfr. (confronta) | cf |
| C.P. (casella postale) | PO Box |
| C.R.I. (Croce Rossa Italiana) | Italian Red Cross |
| CV (cavallo vapore) | hp (horse power) |
| D.C. (Democrazia Cristiana) | Christian Democratic Party |
| d.C. (dopo Cristo) | AD |
| D.O.C. (denominazione d'origine controllata) | wine quality mark |
| Dott./Dr. (dottore) | Dr |
| Dott.ssa (dottoressa) | Dr *(woman)* |
| E (est) | E (East) |
| ecc. (eccetera) | etc |
| Egr. Sig. (egregio signore) | Mr *(in letters)* |
| F.S. (Ferrovie dello Stato) | Italian railway company |
| f.to (firmato) | signed |
| ing. (ingegnere) | engineer |
| kmq (chilometro quadrato) | $km^2$ |
| Lit. (lire italiane) | Italian lire |
| L.st. (lira sterlina) | pound |
| mitt. (mittente) | sender |
| N (nord) | N (North) |
| n., N° (numero) | no. |
| N.B. (nota bene) | NB |
| ns. (nostro) | our, ours |

| | |
|---|---|
| O (ovest) | W (West) |
| on. (onorevole) | MP |
| pag. (pagina/e) | p, pp (page(s)) |
| P.C.I. (Partito Comunista Italiano) | Italian Communist Party |
| p.le (piazzale) | Sq |
| prof. (professore) | Prof |
| P.S. (Pubblica Sicurezza) | Police |
| P.S. (post scriptum) | PS |
| P.T. (Poste e Telecomunicazioni) | Post Office *(equiv)* |
| p.zza (piazza) | Sq |
| rag. (ragioniere) | CA (chartered accountant) |
| RAI (Radio Audizioni Italiane) | Italian broadcasting company |
| Rep. (repubblica) | Rep |
| rev. (reverendo) | Rev (Reverend) |
| R.U. (Regno Unito) | UK |
| S (sud) | S (South) |
| S. (santo/a) | St (Saint) |
| sec. (secolo) | century |
| seg. (seguente) | foll (following) |
| Sig. (signor) | Mr |
| Sig.a (signora) | Ms |
| Sigg. (signori) | Messrs |
| Sig.na (signorina) | Miss |
| Sig.ra (signora) | Mrs |
| S.I.P. (Società Idroelettrica per le Telecomunicazioni) | Italian telephone company |
| s.l.m. (sul livello del mare) | above sea level |
| tbc (tubercolosi) | TB |
| tel. (telefono) | tel |
| v. (vedi) | see |
| v.le (viale) | Ave |
| vs. (vostro) | your, yours |

# Index

Note that entries refer to chapter numbers rather than page numbers

243

# INDEX

# INDEX

# INDEX

# INDEX

# INDEX

# INDEX